현대철학과 코뮤니즘

contemporary philosophy
and
communism

현대철학과 코뮤니즘

김상범 지음

바른북스

형이상학과 정치

들뢰즈와 가타리에 의하면 모든 사유는 정치적이다. 먼저 우리의 상식적 사고를 구성하는 '사유의 이미지'는 국가 장치로부터 빌려온 모델에 의존한다. 말하자면 사유에 있어서 홈이 패인 공간이 바로 상식에 의해 구성되는 것이다. 이렇게 사유를 홈이 패인 경로를 흐르도록 만드는 것이 바로 '방법'이다. 이러한 사유는 국가 장치와 같이 내부성의 형식을 따른다.

반면에 이러한 사유의 이미지를 넘어서는, 다른 방식으로 정치적인 사유가 존재한다. 이 전쟁기계로서의 사유는 "바깥의 사유"로서 "사유를 바깥과 바깥의 갖가지 힘들과 직접적으로 관련시키는 것"[1]이다. 들뢰즈와 가타리에 의하면 이와 같이 바깥의 힘들과 사유를 마주치게 하는 엄밀한 절차를 니체가 아포리즘을 통해 보여주었다고 말한다. 이런 의미에서 전쟁기계로서의 사유는 외부성의 형식을

---

1   질 들뢰즈, 펠릭스 가타리, 김재인 옮김, 『천개의 고원』, 서울: 새물결 출판사, 2003, 723쪽

따른다.

물론 외부성의 형식과 내부성의 형식은 비대칭적이다. 들뢰즈와 가타리는 내부성의 형식이 사유의 독단적 이미지를 구성한다면, 외부성의 형식은 이러한 모든 독단적인 사유의 이미지를 파괴한다. 들뢰즈와 가타리는 다음과 같이 쓰고 있다.

> "외부성의 형식, 즉 항상 자체의 외부에 존재하는 힘 또는 마지막 힘, n번째 역량은 전혀 국가 장치의 영감을 받은 이미지와 대립하는 또 하나의 이미지가 아니다. 이와 반대로 이미지와 이미지의 사본들을, 모델과 이 모델의 재생산들을, 즉 사유를 … 종속시킬 수 있는 모든 가능성을 파괴하는 힘이다. … 이러한 사유는 … 이미지도 갖고 있지 않으며, 모델을 구성하는 일도 복사하는 일도 없다."[2]

말하자면 이러한 "바깥의 사유"는 이미지에 의한 사유로서 〈재현〉의 사유에 대립된다. 그뿐만 아니라 '내부성의 형식'이 홈이 패인 공간에 대응하듯이 '외부성의 형식'은 매끄러운 공간에 대응된다. 내부성의 사유가 보편적인 '방법'에 따라 "한 점에서 다른 점으로 이동"하는 통로를 만드는 사유라면, 외부성의 형식은 "헤아리지 않고 이 공간을 점거"한다.[3]

---

2   『천개의 고원』, 723쪽~724쪽
3   『천개의 고원』, 724쪽

"바깥의 사유"는 '외부의 힘'과의 직접적이고 우연한 접촉을 긍정하는 데에서 출발한다는 점에서 사건-사유이다. 즉 "바깥의 사유"는 변용태(affect), 상황, 우연을 온전히 긍정하는 반면에 내부성의 사유는 이들을 통제하려고 한다.

이런 의미에서 형이상학적 사유는 내부성의 형식과 외부성의 형식 둘 중 어느 것을 취하더라도 정치적일 수밖에 없다. 즉 국가적 사유와 유목적 사유는 뚜렷이 구별되면서도 모두 정치의 문제와 무관하지 않다.

사유의 독단적 이미지에서 중요한 두 개의 보편 개념은 〈존재〉와 〈주체〉이다. 그 중 〈존재〉는 제국적이고 〈주체〉를 중심으로 하는 사유는 공화국에 어울린다. 제국적인 〈존재〉의 사유는 마법적이며 공화주의적인 〈주체〉의 사유는 이성적이다. 실제로,

> "고대의 제국적 국가에서는 시인이 사유의 이미지의 조련사
> 역할을 담당했으며 근대 국가에서는 사회학자들이 철학자의
> 역할을 대체해왔다."[4]

그리고 "보편적 방법" 아래에서 '제국적 사유'와 '공화국적 사유'는 서로 교통한다. 그 결과 "〈지고한 존재〉라는 관념을 군주로 하는 자유로운 정신들의 공화국"이라는 사유의 이미지가 탄생한다. 말하

---

4 『천개의 고원』, 726쪽

자면 입헌군주국이라고 부를 수 있다.

반면에 유목적 사유에서는 보편적인 존재나 보편적인 주체가 요청되지 않으며 매끄러운 공간과 독자적인 인종이 요청된다고 들뢰즈와 가타리는 말하고 있다. 그런데 들뢰즈와 가타리는 상대주의를 옹호하는 것이 아니다. 오히려 유목적인 것은 〈절대적인 속도〉에 의해 규정된다고 들뢰즈와 가타리는 말한다. 이 절대적인 속도는 단순히 그 빠르기의 양에 의해서 규정되는 것이 아니다. 들뢰즈와 가타리는 이 절대적인 〈속도〉와 한 지점에서 다른 지점으로 이동하는 〈운동〉을 구분한다.

즉 절대적 "속도는 어느 물체의 환원 불가능한 부분들이 돌연 어떠한 지점에서라도 출현할 수 있는 가능성"과 함께 소용돌이에 의한 유목적인 분배가 이루어지는 것을 의미한다는 점에서 운동과 대비된다.[5]

이상에서 보듯이 형이상학적 사유의 근원에는 정치적인 문제가 도사리고 있다.

이뿐만 아니라 아감벤에 의하면 정치의 근원에는 형이상학적인 문제가 존재한다. 왜냐하면 아리스토텔레스 등에게서 정치의 문제는 '내부'와 '외부', '인간'과 '동물', '말'과 '소음'을 구별하는 문제와 깊이 관련이 있기 때문이다. 아리스토텔레스에 의하면 '정치적인

---

5 『천개의 고원』, 732쪽

동물'로서의 인간은 폴리스 내의 존재이면서 '말할 수 있는 자'로 규정되었다. 이런 의미에서 정치학은 이미 형이상학적이다. 아감벤은 다음과 같이 쓴다.

> "벌거벗은 생명과 정치의 관계는 '언어를 가진 생명체'라는 형이상학적 인간 정의가 포네[목소리]와 로고스[말]의 관계에서 찾아내려는 것과 동일한 것이다. … 정치란 생명체와 로고스의 접합이 이루어지고 있는 경계선이라는 점에서, 정치는 서양 형이상학의 진정 근본적인 구조처럼 보인다."[6]

그리고 오늘날 정치에 의해 기존의 형이상학적 대립이 무효화되며, 형이상학 자체의 내적 역설이 적나라하게 드러나고 있다. 따라서 오늘날의 정치는 형이상학의 최전선에 있다고 볼 수 있다. 왜냐하면 오늘날의 정치에서 예외상태가 규칙으로 기능하며 따라서 배제/포함, 외부/내부의 구별이 불가능해지기 때문이다.

이러한 외부/내부의 구별의 불가능성은 법의 영역과 언어의 영역의 본질적 유사성을 드러내 준다. 아감벤에 의하면 외적 대상을 지시하기 위해서는 먼저 언어가 구체적인 사용과는 무관한 순수한 잠재적 체계로서 랑그를 이루어야 하듯이, 법은 법의 모든 실제적인 작용이 정지된 예외상태 속에서 순수 잠재성으로 남아야 개별 사례에 적용될 수 있다.

---

6   조르조 아감벤, 박진우 옮김, 『호모 사케르』, 서울: 새물결 출판사, 2008, 44쪽~45쪽

이와 같은 의미에서 아감벤은 법철학, 혹은 더 포괄적인 것으로서의 정치철학이 언어적 존재로서 인간을 규정하는 형이상학과 떼려야 뗄 수 없다고 주장한다.

따라서 '정치는 형이상학적(아감벤)'이고 '형이상학은 정치적(들뢰즈)'이다. 이와 같이 뫼비우스적인 순환구조가 존재한다.

본서는 코뮤니즘의 문제를 다룬다. 그동안 코뮤니즘이 실패한 것은 마르크스주의가 형이상학이었기 때문이 아니라 부실한 형이상학이었기 때문이라고 나는 생각한다. 그렇기 때문에 다시 코뮤니즘을 일으키기 위해서는 '실천의 문제'를 탐구하기보다는 새로운 형이상학을 수립하는 작업이 시급하다고 볼 수 있다. 다행히도 들뢰즈, 아감벤, 랑시에르 등의 현대철학자들의 작업이 이러한 '코뮤니즘 형이상학의 재건'에 도움이 될 수 있을 것 같아 이 책에 실린 논문들을 쓰게 되었다.

정치가 곧 형이상학의 가장 중요한 문제를 다룬다는 사실(아감벤), 그리고 형이상학이 곧 정치적 성격을 띤다는 사실(들뢰즈/가타리)은 현대 자본주의에 대한 대안으로서의 코뮤니즘 역시 형이상학적 문제를 다루지 않을 수 없다는 것을 의미한다. 마르크스주의의 부실한 형이상학을 넘어 새로운 전망을 열어 밝힐 수 있는 형이상학을 구성해보자.

▌ 참고문헌 ▌

- 조르조 아감벤, 박진우 옮김, 『호모 사케르』, 서울: 새물결 출판사, 2008
- 질 들뢰즈, 펠릭스 가타리, 김재인 옮김, 『천개의 고원』, 서울: 새물결 출판사, 2003

목차

Ⅱ Property를 넘어서

Ⅲ　　스피노자와 코뮤니즘

IV 가라타니 고진, 자본주의, 코뮤니즘

I

코뮤니즘과 분배의 문제

01

서론

♦

마르크스는 「고타강령 비판」에서 사회주의를 능력에 따라 일하고 능력에 따라 분배받는 것으로, 공산주의를 능력에 따라 일하고 필요에 따라 분배받는 것으로 규정했다. 그런데 공산주의를 이렇게 정의하게 되면 개인들에게 전체 생산량을 분할하여 각자의 '몫'을 평화롭게 분배하는 것이 공산주의가 된다. 이것은 결국 '소유'의 질서를 근본적으로 변혁하는 것이 되지 못한다. 마르크스는 이러한 문제를 짐작조차 못 하고 있다. 이러한 귀결은 마르크스의 '분배' 관념이 전통적인 분배의 관념에서 한 치도 벗어나지 못하기 때문에 발생한다. 이런 의미에서 마르크스는 그의 급진적인 수사와는 달리 매우 보수적인 사상가이다.

우리가 흔히 상식적으로 생각하는 분배의 개념을 랑시에르와 들뢰즈는 문제화한다. 우리의 생각 속에서 좋은 분배는 전체의 몫을 분할하여 각각에게 공정하게 나누는 것을 의미하는데, 들뢰즈에 의하면 이러한 분배는 단지 정주적인 분배에 불과하다.

들뢰즈는 이러한 정주적인 분배가 〈재현〉과 깊은 관련이 있음을 보인다. 흔히 『차이와 반복』 1장에서 행해지는 들뢰즈의 아리스토텔레스 비판은 유(類)와 종(種)의 체계에 대한 비판으로만 읽힌다. 실제로 서동욱은 다음과 같이 쓰고 있다.

> "들뢰즈는 차이 자체를 … 개념적 차이, 유사성 등과 대립시킨다. 종적 유사성이란 유의 자기동일성을 전제하고 있다. 이런 까닭에 유사성 혹은 종적 차이는 환원될 수 없는 궁극적 차이라기보다는, 개별자들을 유적 동일성에 종속시키기 위한 매개적 개념에 지나지 않는다."[7]

물론 들뢰즈는 유와 종의 개념을 비판하고 있긴 하지만 아리스토텔레스의 체계가 유와 종으로만 구성되어 있지 않으며, 오히려 이 여분이 아리스토텔레스를 이해하는 데에 있어 결정적이기에, 그리고 이러한 아리스토텔레스 이해가 『차이와 반복』 1장을 이해하는 데에 있어 결정적이기에 서동욱과 같은 해석은 지양되어야 한다.

아리스토텔레스에 의하면 '존재'는 모든 존재자에 공통적인 개념

---

7   서동욱, 『들뢰즈의 철학』, 서울: 민음사, 2002, 20쪽

이지만 하나의 '유'가 아니다. 왜냐하면 유는 종차의 술어가 될 수 없으며 따라서 만약 존재가 하나의 '유'라면 그 유 안에 포섭되는 종차는 '존재'할 수 없기 때문이다. 그러나 종차는 존재한다. 그렇다면 존재는 유가 아니다.

그렇다면 아리스토텔레스의 체계는 통일성을 상실하는가? 아리스토텔레스는 여기서 천재적인 발상을 하는데, 그것은 비례의 원칙과 이른바 〈유비〉를 도입하는 것이다. 즉 "존재가 언명되는 항이나 주어들에 존재의 개념을 비례적으로 분배"[8]해야 한다. 그리고 이러한 비례적 분배의 원리가 바로 '유비'인 것이다.

이러한 '유비'의 분배가 바로 '재현'의 분배이고 정주적인 분배인데, 왜냐하면 이 분배에서 존재는 비례적으로 분할되어 각각의 존재자들에게 일정한 '몫'으로서 나누어지기 때문이다. 그리고 최대유 중에서 '실체'가 위계적 순서에서 일차적이며 이러한 위계는 존재의 다의성을 나타낸다.

---

8   질 들뢰즈, 김상환 옮김, 『차이와 반복』, 서울: 민음사, 2011, 97쪽

02

정주적 분배
질서에 대한 저항

◆

랑시에르와 들뢰즈는 이러한 유비적이고 정주적인 '분배', 즉 '몫'의 공정한 분배의 개념 자체를 넘어설 것을 요구한다. 랑시에르는 이러한 정주적 분배로서 감각적인 것의 불평등한 나눔이 '아무나'와 '아무나'의 평등이라는 카오스에 기초하고 있음을 보이고 들뢰즈는 아예 〈유목적 분배〉라는 개념을 만들어 버린다. 말하자면 들뢰즈의 '정주적인 분배'는 랑시에르의 용어로 번역하면 '감각적인 것의 나눔'인 것이다. 랑시에르는 다음과 같이 쓴다.

"인간이 지닌 탁월하게 정치적인 소명은 한 가지 징표, 곧 로고스, 다시 말해 말을 소유하고 있다는 징표로 입증되는데, 목소리가 표시한다면 말은 명시한다. 말이 명시하는 것, 그것이

이 말을 알아듣는 주체들의 공동체에 대해 명백하게 만드는 것
은 유용한 것과 해로운 것이며, 따라서 정당한 것과 부당한 것
이다. 이처럼 명시하는 기관의 소유는 두 종류의 동물들의 분
리를 감각적인 것을 나누어 갖는 두 가지 방식 사이의 차이로
표시한다."[9]

즉 동물적인 쾌락과 고통을 표현하는 목소리만을 가진 자와, 좋
은 것과 나쁜 것을 지각 속에서 나눌 수 있는 이른바 '인간'이 존재
한다. 이것은 아리스토텔레스 이래로 존속되어 온 '인간은 정치적
인 동물'이라는 말의 의미이다. 즉 '의미'를 갖고 분절된 언어를 가
진 자만이 인간이며 이러한 인간만이 정치에 참여할 수 있다는 것
이다. 이것은 고대 로마에서 평민들의 목소리는 '말'로 취급되지 않
았고 따라서 평민들은 인간으로 취급되지 않았으며 당연히 정치에
참여할 수 없었다는 것에서 잘 드러난다.

그런데 반전이 일어난다. 귀족은 평민들에게 이 감각적인 것의
불평등한 나눔을 이해시키고자 했는데, 이렇게 평민들이 귀족의 언
어를 온전히 이해하기 위해서는 평민들이 언어능력을 갖추고 있다
는, 더 나아가 귀족들과 평등한 언어능력을 갖추고 있다는 전제가
필요했기 때문이다. 랑시에르는 다음과 같이 쓰고 있다.

---

9 자크 랑시에르, 진태원 옮김, 『불화』, 서울: 길, 2015, 24쪽

"우화는 감각적인 것의 불평등한 나눔을 이해시키고 싶어 한
다. 이러한 나눔을 이해하기 위해 필요한 감각은 첫 번째의 불
평등한 나눔을 무너뜨리는 평등한 나눔을 전제한다."[10]

그리고 이러한 평등을 깨달을 때 비로소 귀족 지배의 우연성이
드러나며 기존의 로고스의 질서가 붕괴되고 새로운 로고스의 질서
가 들어선다. 이런 의미에서 감각적인 것의 나눔의 문제는 정치의
문제이며 더 나아가 정치는 "감각적인 것의 나눔에 대한 싸움"[11]이
다. 랑시에르는 이러한 '나눔'이 "공동성과 분리"라는 이중성을 갖
는다고 말한다.

그리고 랑시에르는 이러한 감각적인 것의 분배 질서가 바로 '치
안'이라고 말한다. 즉 가시적인 것과 비가시적인 것, '말'과 '소음'을
나누는 것이 '치안'인 것이다. 말하자면 치안은 들뢰즈가 말하는 '정
주적 분배'인 것이다. 그리고 이러한 정주적 분배에 의해 부분들의
몫 내지 몫의 부재가 규정된다.

반면 이러한 감각적인 것의 분배 질서의 짜임으로서의 치안과 적
대되는 것이 바로 '정치'이다. 정치는 이러한 감각적인 것의 짜임과
의 단절을 통해서 규정되며 이러한 짜임 속에서 몫이 없는 자들이
몫을 가져야 한다는 전제를 가진다. 이러한 "몫 없는 자들의 몫"이
라는 역설은 지배질서의 궁극적인 우연성을 드러낸다.

---

10   『불화』, 57쪽
11   『불화』, 58쪽

또한 들뢰즈는『차이와 반복』에서 존재의 분배 중에서 "배당된 몫을 함축하는 분배"[12]로서 정주적 분배를 이야기한다. 이러한 분배는 마치 공간을 각각의 소유지나 영토로 분할하듯이 존재를 "고정되고 비례적인 규정들"[13] 속에서 다의적으로 분배한다. 이러한 고정되고 비례적인 규정은 상식과 양식을 할당의 원리로 삼는다. 말하자면 정주적 분배는 재현을 통한 존재의 분배이다. 이러한 분할 또는 분배는 존재자들에게 〈유비〉에 의해 비례적으로 분배된 존재에 의해 위계를 결정한다. 유는 종보다 높은 위계상의 위치를 가진다.

반면 들뢰즈에 의하면 이러한 유비적/정주적 분배와는 완전히 다른 분배, 즉 '유목적인 분배'가 존재한다. 이러한 유목적인 분배는 존재를 존재자들 각각에 분배하는 것이 아니라 유목민들이 모든 것들을 하나의 열린 공간 속에서 분배하듯이 존재자들을 동등한 일의적 존재 안에서 분배하는 것이다. "어떤 공간을 채우기, 그 공간에 자신을 배당하기. 이는 공간을 배당하는 것과는 매우 다르다."[14]

이러한 유목적인 분배는 "소유지도 울타리도 없는" 분배이자 "방황의 분배"이다. 일의적 존재는 모든 존재자에 대해 직접적으로 동등하게 현전한다. 따라서 유와 종의 위계질서, 유비에 의한 다의적 분배는 존재하지 않는다.

그런데 들뢰즈는 유목적 분배 속에서도 정주적 분배와는 다른 방

---

12 『차이와 반복』, 103쪽
13 『차이와 반복』, 103쪽
14 『차이와 반복』, 104쪽

식의 위계질서가 존재할 수 있다고 말한다. 이런 위계질서는 존재자가 자신의 역량의 끝까지 나아가고 결과적으로 자신의 한계를 넘어서는지에 의해 규정된다. 이것은 존재자들을 "한계에 따라 측정하고 하나의 원리에 대한 멀고 가까움의 정도에 따라 측정"[15]하는 정주적이고 유비적인 분배의 질서에서의 측정과는 다르다.

이러한 유목적 위계질서는 이미 『니체와 철학』에서 천명된 것이다. 들뢰즈는 『니체와 철학』에서 다음과 같이 쓰고 있다.

> "니체는 가장 강하지 못한 자가 아니라, 그의 힘이 어떻건 그
> 가 할 수 있는 것에서 분리된 자를 약자 혹은 노예라고 부른다.
> … 힘들의 측정, 그것들의 성질 부여는 절대적 양에는 전혀 의
> 존하지 않지만 상대적 실현에 의존한다."[16]

말하자면 약자는 자신의 역량의 끝까지 가지 못하는 자이고 강자는 끝까지 가는 자이며 초인은 이 한계를 뛰어넘는 자이다. 이런 의미에서 정주적 분배의 질서가 한계와 경계를 보존하려는 질서인 반면 유목적인 위계는 한계와 경계를 파괴하며 이 위계 속에서 "가장 작은 것은 … 가장 큰 것과 동등"[17]해질 수 있다. 왜냐하면 힘들의 성질 부여는 "절대적 양"이 아닌 그것의 "상대적 실현에 의존"하기

---

15 『차이와 반복』, 105쪽
16 질 들뢰즈, 이경신 옮김, 『니체와 철학』, 서울: 민음사, 2008, 120쪽
17 『차이와 반복』, 105쪽

때문이다.

이런 의미에서 유목적 위계는 "존재자들의 … 무정부 상태에 더 가깝다."[18] 심지어 들뢰즈는 이러한 유목적 위계를 형성하는 일의성의 분배 혹은 유목적 분배에 대해 다음과 같이 쓰고 있다.

> "존재의 일의성은 또한 존재의 동등성을, 평등을 의미한다. 일의적 존재는 유목적 분배이자 왕관을 쓴 무정부 상태이다."[19]

이러한 일의성의 아나키는 소유지를 어지럽히고 정착적 구조를 전복시키며 이러한 정착적 구조 안으로 혼란을 끌어들인다. 이런 의미에서 들뢰즈는 일의성과 유비가 궁극적으로 화해할 수 없다고 말한다. 마찬가지로 랑시에르는 '정치' 혹은 '민주주의'가 지배질서의 로고스 안으로 혼란을 도입한다고 말한다. 랑시에르는 다음과 같이 쓰고 있다.

> "플라톤이 대중이라는 '큰짐승'을 고발하면서 표출하는 분노. … 큰 짐승이라는 은유는 단순한 은유가 아니다. 그것은 엄밀히 말하면, 로고스 안에 혼란을 야기하고 또한 공동체의 부분들의 유비로서 로고스의 정치적 실현 안에도 혼란을 야기하

---

18   『차이와 반복』, 105쪽
19   『차이와 반복』, 106쪽

는, 이 자격 없이 말하는 존재자들을 동물성 쪽으로 몰아내는
데 기여한다."[20]

랑시에르가 인용하는 플라톤에 의하면 정치는 "도시의 질서 정연
한 분배 전체를 파괴"[21]할 뿐만 아니라 "코스모스의 비례에 따라 질
서 지어지고 공동체의 아르케에 근거를 둔 도시의 기획을 미리 무
너뜨린다."[22]

그런데 랑시에르는 이러한 카오스가 역설적으로 정주적 분배의
위계가 의지하고 있는 "궁극적인 아나키 …"라고 말한다. 또한 랑
시에르에 의하면 현실적인 지배적 질서는 잠재적이고 역설적 심급
으로서 "아무나와 아무나의 평등"에 기초하고 있다. 왜냐하면 아무
자격 없는 자로서 평민들이 지배 이데올로기를 이해하기 위해서는,
그리고 지배 이데올로기의 보편성을 받아들이게 하기 위해서는 귀
족과 평민의 지적/언어적 능력의 평등함을 전제로 받아들여야 하기
때문이다.

즉 랑시에르에 의하면 '치안'은 '정치' 혹은 '민주주의'에 토대를 두
고 있다. 그런데 정치는 '자격 없는 자'에 의한 것이자 이 '자격 없는
자'를 위한 것이기에 어떤 토대도 갖고 있지 못하다. 그런데 랑시에
르는 놀랍게도 이러한 카오스이자 아나키로서 민주주의를 표면적

---

20 『불화』, 53쪽
21 『불화』, 49쪽
22 『불화』, 49쪽

인 로고스의 질서를 전복하는 심층적인 로고스로 보고 있는듯하다. 랑시에르는 다음과 같이 쓰고 있다.

"이로움과 해로움에 대해 논의하는 로고스 이전에 질서 짓고 질서 지을 권리를 부여하는 로고스가 존재한다."[23]

이를 어떻게 이해해야 할까? 이것은 들뢰즈식 표현으로 카오스와 코스모스의 종합으로서 "카오스모스(chaosmos)"라고 말할 수 있을 것이다. 들뢰즈는 바로 "존재의 동등성, 존재의 평등성"으로서 "존재의 일의성"을 카오스모스라고 말하고 있다. 랑시에르의 이 심층적인 로고스도 아르케를 파괴하는 아나키이자 "아무나와 아무나의" 동등성과 평등성을 표현한다는 의미에서, 그리고 표면적인 로고스 아래에 존재하는 역설적인 질서라는 점에서 "카오스모스"라고 말할 수 있지 않을까?

랑시에르에 의하면 우리는 계급투쟁을 다시 정의해야 한다. 계급투쟁은 더 이상 자기-동일성이나 정체성을 가진 계급들 사이의 투쟁이 아니다. 오히려 계급투쟁의 보편성은 역설적인 것의 보편성, 즉 계급의 "자기 자신과의 차이의 보편성"[24]이며, "프롤레타리아는 하나의 계급이 아니라 모든 계급의 해체"[25]이다. 왜냐하면 '진짜' 계

23　『불화』, 45쪽
24　『불화』, 48쪽
25　『불화』, 48쪽

급이란 사회구조 속에서 하나의 동일한 기능을 수행하는 부분을 의미하며 계급투쟁의 목표는 바로 이러한 계급의 해체이기 때문이다.

랑시에르의 이 주장은 오늘날 우리에게 많은 것을 시사해준다. 특히 이른바 '정체성 정치' 속에서 많은 집단 내부적 폭력이 행사되고 있는 한국에서는 랑시에르의 이와 같은 주장을 잘 받아들여야 한다.

03

들뢰즈와 코뮤니즘

◆

    랑시에르에 있어서의 계급투쟁과 같은 잠재적이고 역설적인 심급은 들뢰즈에게 있어서는 순수사건인데 왜냐하면 순수사건은 여러 개체나 인칭 속에서 '차이 나게' 반복되며 현실적인 개체나 인칭의 동일성을 파괴하는 동시에 개체와 인칭을 발생시키는 잠재성이기 때문이다. 이러한 순수사건의 장을 들뢰즈는 '선험적인 장'이라고 부른다.

    본래 '선험적인 장'이라는 개념은 사르트르의 『자아의 초월성』으로부터 온 것이다. 사르트르에 의하면 칸트의 선험적 통각으로서 "나는 생각한다."는 나의 경험적 의식을 권리상으로만 구성하고 사실적으로 구성하지 않는다. 사르트르는 다음과 같이 쓰고 있다.

"비판의 문제는 권리의 문제이다. 칸트는 '나는 생각한다.'의 사실상의 현존에 관해서는 결코 확언하지 않는다. 오히려 칸트는 '나'가 없는 의식의 순간들이 있다는 것을 완벽하게 이해했던 것으로 보인다."[26]

오히려 "나"는 사실적으로 표상들을 통일시키는 자가 아니라 표상들의 종합적 통일을 통해서 비로소 가능해지는 어떤 것이자 전반성적인 순수의식의 안에는 존재할 수 없고 반성을 통해서 비로소 출현하는 것이다. 예를 들어 반성 이전에 재미있는 책을 열중해서 읽을 때 "나"는 의식 안에 거주하지 않았다. 그뿐만 아니라,

"내가 전차를 뒤쫓을 때, 내가 시계를 볼 때, 내가 초상화 감상에 몰입할 때, **나**는 없다."[27]

이렇게 "나"는 전반성적 의식에 내재하지 않고 오히려 "반성적 행위의 초월적 대상"[28]이다. 이렇게 "나"는 하나의 '대상'이라는 점에서 하나의 "존재자(existant)"이며 더 나아가 심리학적-생리학적 존재로서 '자기'가 하나의 점으로 수축된 것에 불과하다고 사르트르는 말한다. 사르트르의 전반성적인 순수의식, 다른 말로 하면 선험적인 장

---

26   장 폴 사르트르, 현대유럽사상연구회 옮김, 『자아의 초월성』, 서울: 민음사, 2020, 18~19쪽
27   『자아의 초월성』, 48쪽
28   『자아의 초월성』, 55쪽

은 "나"를 배제한다는 점에서 비인칭적인 장이다. 그리고 이러한 비인칭적인 선험적인 장으로부터 "나"와 "자기" 모두가 발생한다.

그리고 이러한 "나"와 "자기"가 각각 '자아'의 한 측면에 불과하다고 사르트르는 말한다. 말하자면 '나'는 행위의 통일성으로서의 자아이고 '자기'는 상태들과 성질들의 통일성으로서의 자아이다. 즉 자아는 "상태들과 행위들의 구체적인 총체"이다. 이 자아는 반성에 의해 출현하는 대상일 뿐만 아니라 의식에 의해 '구성'되고 '생산'된 것이다. 이렇게 끊임없이 새롭게 구성되고 생산된다는 점에서 "자아는 '본성상' 도주하는 것이다."[29] 유목적 자아!

이런 의미에서 선험적인 장은 "더 이상 '주체'와 아무 관련이 없다."[30] 들뢰즈는 『의미의 논리』에서 이러한 사르트르의 〈선험적인 장〉이라는 개념에 대해 다음과 같이 쓰고 있다.

"정적 발생은 사르트르가 1937년에 발표한 결정적인 논문에서 제기한 조건들에 응답하는 선험적인 장 안에서만 이루어질 수 있다. 이 선험적인 장은 비인칭적인 장으로서, 종합 작용을 하는 인칭적인 의식이라는 또는 주체적 동일성이라는 형태를 가지고 있지 않다. 여기에서, 주체는 언제나 구성된다."[31]

---

29 『자아의 초월성』, 111쪽
30 『자아의 초월성』, 135쪽
31 질 들뢰즈, 이정우 옮김, 『의미의 논리』, 파주: 한길사, 2015, 187~188쪽

그리고 들뢰즈는 이와 같은 선험적인 장이 인칭적인 것의 질서로부터 독립되어야 할 뿐만 아니라 지층화된 경험을 구성하는 개체적인 것과 일반적인 것(특성, 집합)의 질서로부터 독립된 것이어야 한다고 말한다. 즉 선험적인 장은 전 개체적이고 비인칭적인 특이성의 장이어야 한다는 것이다.

들뢰즈에게 있어서 이러한 특이성은 바로 순수사건이다. 그리고 이러한 특이성=순수사건의 장으로서 선험적인 장은 사르트르의 주장과는 달리 의식의 형식을 거부한다. 사르트르는 "나"나 "자아"가 의식의 통일성의 결과라고 말하지만 이러한 의식의 통일성을 어떻게 보증할 것인가라고 들뢰즈는 묻는다. 물론 사르트르는 후설의 『내적 시간의식의 현상학』을 인용하며 의식은 파지(rétention)의 횡단적인 지향성의 유희에 의해 스스로 통일되는 것이라고 말한다. 그러나 들뢰즈는 파지가 "여전히 개체화의 중심을 가정"[32]하고 있기에 선험적인 장을 의식을 통해 규정하려는 사르트르의 시도는 불가능하다고 말한다.

오히려 들뢰즈는 선험적 장을 무의식에, 더 정확히 말해서 '무의식적 표면'에 위치 지우려 한다. 이러한 무의식적 표면은 경험적 표면이 아니며 오히려 〈형이상학적 표면〉이다. 이런 표면 속에서 특이성=순수사건들은 〈순수사건들의 계열들을 돌아다니며 이러한 계열들을 소통시키는 대문자 사건 또는 우발점〉에 의해 "자가−통일

---

32   『의미의 논리』, 198쪽

화"[33]를 겪는다. 말하자면 대문자 사건은 순수사건들의 계열들을 통해서 '표현'되는 것이다. 이러한 대문자 사건과 특이성의 계열들 사이의 특정한 관계, 그리고 이러한 계열적 체계들 사이의 특정한 관계를 기술하는 들뢰즈의 개념이 바로 "이념적인 놀이"이다.

들뢰즈의 "이념적인 놀이"는 "현실적인 놀이"와 다른 놀이인데 현실적인 놀이는 다음과 같은 특성을 가진다.

(1) 놀이 이전에 선행하는 규칙이 존재하며 이 규칙은 놀이가 진행되는 동안 지속적인 명령적 힘을 가진다.

(2) 이 규칙은 승리와 패배를 결정하는 가설(~할 때는 이기는 것으로 한다)을 결정한다.

(3) 이 승리와 패배의 나눔은 수적으로 정확히 구분되어 고정되어 있다.

(4) 이러한 규칙과 나눔에 의해 뒤따르는 결과로써 승리와 패배가 존재한다.[34]

이러한 현실적인 놀이는 사실 '순수한 놀이'라고 할 수 없으며 도덕적 모델이나 (노동의)경제적 모델을 참조한다. 현실적인 놀이들은 "노동이나 도덕 같은 다른 종류의 활동들을 참조하게 된다."[35]

그리고 노동은 인과율과 목적률을 통해서, 도덕은 좋음과 나쁨의 대립을 통해서 우연을 절대적으로 긍정하지 못하게 만든다. 말하자

---

33 『의미의 논리』, 194쪽

34 『의미의 논리』, 131쪽~132쪽

35 『의미의 논리』, 132쪽

면 "일정한 지점들에서만 우연을 포착"[36]한다. 반면 이념적인 놀이는 『의미의 논리』 이전의 저작들에서 일종의 '주사위 놀이'라고 표현했던 놀이로서 우연을 절대적으로 긍정하는 놀이다.[37]

주사위 놀이로서 이념적인 놀이에서,

(1) 놀이 이전에 선행하는 규칙은 존재하지 않는다.

(2) 여기서 우연은 승리와 패배의 가설에 따라 쪼개지지 않으며, 따라서 모든 우연이 긍정된다.

(3) 이런 의미에서 각각의 우연을 긍정하는 '던짐'은 "실질적으로, 수적으로 구분되지 않는다."[38]

이러한 주사위 놀이로서의 이념적인 놀이에서 각각의 '던짐'에는 특이성들의 분배가 상응하며, 이러한 특이성들의 계열적 체계로서 분배는 "유일한 던짐(unique lancer)"으로서 우발점에 의해 다른 체계와 소통한다. 즉,

"이 배분에 있어 특이성들의 각 체계는 나머지 다른 체계들과 함축의 관계를 맺으며 그들[다른 체계들]을 가장 큰 던짐

---

36 『의미의 논리』, 132쪽

37 '주사위 놀이'의 함의에 대해서는 필자의 저작, 『철학은 주사위 놀이다』(하움, 2022) 참조.

38 『의미의 논리』, 133쪽

안에 함축되도록 만듦으로써 서로 소통하고 공명한다."[39]

그리고 이러한 분배는 가설에 의해 던짐의 닫힌 공간을 고정된 결과를 통해 분할하는 것이 아니라 열린 미분할된 던짐의 공간 안에서 "가변적인 결과"를 분배하는 **유목적 분배**이다.

말하자면 '이념적인 놀이'는 특이성들의 계열적 체계들을 관통하는 우발점=대문자 사건의 일의성을 의미한다. 그리고 우발점에 의해 이 특이성들의 계열적 체계들은 소통하며 각각의 체계에 우발점으로서 대문자 사건은 모든 계열적 체계에 동등하게 현전한다. 이런 의미에서 이념적인 놀이는 '우연의 긍정'이자 유목적 분배이다.

그리고 『차이와 반복』에서 유목적 분배가 정주적 분배와는 달리 일의성의 분배였듯이, 이념적인 놀이는 존재의 일의성을 나타낸다.

> "우리가 이미 이념적인 놀이에 관련해 보았듯이 단 한 번의 우연의 긍정, 모든 수를 위한 유일한 던짐, 모든 형식과 모든 경우를 위한 하나의 유일한 존재, 실존하는 모든 것을 위한 하나의 유일한 심급, 모든 생명체들을 위한 하나의 유일한 환영, 모든 소음과 바다의 모든 물방울을 위한 하나의 유일한 목소리."[40]

---

39 『의미의 논리』, 133~134쪽
40 『의미의 논리』, 304쪽

선험적인 장이 자가—통일화되는 것은 바로 이념적인 놀이가 작동하며 이러한 이념적인 놀이가 존재의 일의성을 확보하기 때문이다. 들뢰즈는 다음과 같이 쓰고 있다.

> "특이성들은 자가—통일화의 과정을 겪는다. 하나의 동일한 우발점 안에서 상응하는 특이점들을, 동일한 하나의 던짐 안에서 모든 방출과 모든 던짐들을 내포함으로써, 계열들을 주파하고 또 공명하게 만듦에 따라 계속 동적인 상태를 유지하며 자리 옮김한다."[41]

그리고 이러한 자가—통일화로서 이념적인 놀이는 그 자체로 무의식적 표면 위에서 이루어지는 유목적인 분배이다. "특이성들은 무의식적 표면 위에서 이루어지며, 유목적 분배에 의한 자가—통일화의 내재적이고 동적인 원리를 통해 작동한다."[42]

지금까지의 논의를 주의 깊게 읽은 독자라면 알겠지만 이러한 유목적 분배는 코뮤니즘과 깊은 관련을 맺고 있다. 유목적 분배 속에서 소유되는 것으로서 '몫'은 존재하지 않으며 이러한 유목적 분배는 "존재의 동등성과 평등성"으로서 "존재의 일의성"의 표현이기 때문이다. 또한 '소유'라는 것을 가능하게 하는 개체나 인칭은 선험적인 장에서 존재하지 않으며 이러한 개체나 인칭은 선험적인 장으

41　『의미의 논리』, 195쪽
42　『의미의 논리』, 194쪽

로부터 '발생'하는 것이 된다.[43] 또한 이러한 유목적인 분배 속에서 각 존재자들은 힘의 절대적인 양이 아니라 그 상대적 실현에 의해 평가받기에, 타자와의 경쟁이 아닌 자기 자신을 넘어서는 것이 중요하게 된다.

전 개체적이고 비인칭적인 선험적인 장에 의해 구성되는 코뮤니즘은 잠재적인 것(the virtual)이다. 그렇다면 인간은 어떻게 잠재적인 코뮤니즘으로서 선험적인 장에 도달할 수 있는가?

인간은 현실적인 사고(事故) 속에서 역효과화(contre-effectuation)를 통해 전 개체적이고 비인칭적인 순수사건을 선별해낸다. 들뢰즈는 조 부스케(Joe Bousquet)가 이러한 역효과화의 작업을 성공적으로 수행했다고 말한다. 부스케는 자기 자신에게 발생한 깊은 상처를 구체적이고 현실적인 사고(事故)가 아닌 "영원한 진리에서의 순수사건"[44]으로 이해했다. 부스케는 다음과 같이 말하고 있다.

> "내 상처는 나 이전에 존재했으며, 나는 그것을 구현하려고 태어났다."[45]

개체나 인칭의 관점에서 볼 때 나에게 발생한 깊은 상처는 불행이

---

43 이것을 들뢰즈는 '정적 발생'이라고 부른다. 이에 대해서는 『철학은 주사위 놀이다』, 36쪽~52쪽 참조

44 『의미의 논리』, 259쪽

45 『의미의 논리』, 259쪽에서 재인용

다. 그러나 전 개체적이고 비인칭적인 순수사건이 가진 영원한 진리는 이러한 나의 좁은 관점을 벗어나게 한다. 개체나 인칭의 수준에서는 "불명예와 불공정"[46]이 있지만, 그래서 원한이 존재하지만 순수사건의 비인칭적이고 전 개체적인 영원한 진리를 체현하는 삶에는 원한이 존재하지 않는다. 그리고 인간은 이 진리에 의해 새롭게 태어난다는 점에서 "사건의 아들"[47]이 된다. 더 나아가 부스케는 인간이 이러한 사건적 진리와 자신을 동일시해야 한다고 말한다.

> "… 사건들을 산다는 것은 … 나를 그들과 동일시하려고 하
> 는 것이다."[48]

이러한 사건과의 동일시는 들뢰즈의 표현으로는 '사건을 원하는 것'이라고 볼 수 있다. 이것은 다분히 니체를 연상시킨다. 니체는 『차라투스트라는 이렇게 말했다』에서 다음과 같이 쓰고 있다.

> "나는 … 과거에 있었던 모든 것을 창조적으로 구제할 것을
> 가르쳤다. 인간에게 있어서 과거를 구원하고 일체의 '그러했었
> 다'를 개조하여 의지가 마침내 '나는 그렇게 되기를 바라고 있
> 었다! 그렇게 되기를 나는 바랄 것이다!'라고 말해야 한다고

---

46 『의미의 논리』, 263쪽
47 『의미의 논리』, 261쪽
48 『의미의 논리』, 260쪽

가르쳤다."[49]

　그리고 이러한 '사건'을 의지한다는 것, 사건을 원한다는 것, 사건들과 동일시된다는 것은 이러한 사건 안에 존재하는 동시에 모든 사건의 준-원인인 대문자-사건과 합일하기 위한 첫걸음이다.

　이와 같이 사건과 동일시되어 스스로를 "사건으로서 파악"하는 개체는 자기 자신 안에서 효과화되는 사건을 다른 개체로 파악하는 동시에 다른 모든 개체들을 사건으로 표상하고 "개체들로서 다른 모든 사건들을 이해하고 원"함으로써 "특이성들의 응축을 위한 하나의 거울"이 됨으로써[50] 사건들의 보편적인 소통에 도달하게 된다. 그리고 이를 통해 개체는 우주적인 유일한 대문자 사건으로서 자기 자신을 구성하게 된다. 들뢰즈는 다음과 같이 쓰고 있다.

　　"우리는 각각의 사건을, 발생하는 것에 의해 태어나는 개체가 … 다른 사건들에 함축된 모든 다른 개체들을 통과함으로써 … 그와 결합하도록, 나아가 그로부터 새로운 자기 자신에 불과한 하나의 유일한 대문자 사건, 우주적 자유를 추출해내도록, 영원회귀의 잠재력으로 고양시킨다."[51]

49　　프리드리히 니체, 장희창 옮김, 『차라투스트라는 이렇게 말했다』, 서울: 민음사, 2004, 351쪽~352쪽
50　　『의미의 논리』, 301쪽
51　　『의미의 논리』, 302쪽

이와 같이 개체가 "다른 개체들을 통과"하는 과정에서 하나의 코뮤니즘에 도달한다. 그리고 "하나의 유일한 대문자 사건"은 우주적 코뮤니즘의 진리이다. 이런 의미에서 스토아적 현자와 마찬가지로 개체는 스스로를 대문자 사건, 우발점, 준-원인과 동일시할 수 있게 된다. 이렇게 개체는 세계-시민적 코뮤니즘에 도달한다. 들뢰즈는 다음과 같이 쓴다.

> "스토아적 현자는 '스스로를' 준원인과 '동일시한다.'. 그는 표면에, 이 표면을 가로지르는 직선 위에, 이 선분을 긋거나 주파하는 우발점에 자리잡는다."[52]

> "사건이 우리에게 만들어주는 이 의지에 도달하는 것, 우리에게서 생산되는 것의 준원인 즉 담지자가 되는 것, 표면들과 안감들을 생산하는 것, 요컨대 세계시민이 되는 것."[53]

이러한 열린 세계-시민적 코뮤니즘은 국가주의적인 코뮤니즘과 명확히 구별되어야 한다. 그뿐만 아니라 우발점에 의해 작동하는 선험적인 장 속에서 "유목적인 특이성"들은 인간뿐만 아니라 여러 동물, 식물, 광물 등을 돌아다니며, 따라서 이러한 세계시민주의는 휴머니즘을 극복하게 한다. 들뢰즈는 다음과 같이 쓰고 있다.

---

52 『의미의 논리』, 256쪽
53 『의미의 논리』, 260쪽

"이 자유로운 특이성, 개체화의 질료들과 인칭성의 형식들
에 관계없이 인간들, 식물들, 동물들에 돌아다니는 익명적이고
유목적인 특이성 …"[54]

이러한 선험적인 장 위에서 자유롭게 돌아다니는 유목적인 특이성
은 '이념적인 놀이'로서 주사위 놀이가 작동하고 있음을 의미한다.

"유목적 특이성들. 개체적이지도 인칭적이지도 않은, 그럼
에도 특이한 … 어떤 것. 한 특이성에서 다른 특이성으로 뛰어
다니면서 언제나 각 던짐의 부분을 이루는 주사위 놀이를 실행
하는 어떤 것. … 디오니소스적 기계."[55]

이러한 "유목적인 분배"는 놀랍게도 들뢰즈가 가타리와 공동으로
집필한 저작 『천개의 고원』에서도 나타난다. 들뢰즈와 가타리에 의
하면 장기의 공간과 바둑의 공간은 다음과 같이 구분된다.

"… 공간의 존재도 전혀 다르다. 장기의 경우에는 닫힌 공
간을 분배하는 것이 문제가 된다. … 이와 달리 바둑의 경우에
는 열린 공간에 바둑알이 분배되어 공간을 확보하고 어떠한 지
점에서도 출현할 수 있는 가능성을 유지하는 것이 문제가 된

---

54   『의미의 논리』, 202쪽
55   『의미의 논리』, 201쪽

다."[56]

　이런 의미에서 바둑은 '유목적 분배'이고 장기는 '정주적 분배'이다. "바둑의 노모스 대 장기의 국가"[57] 그러나 바둑은 승리와 패배가 존재한다는 점에서 완전한 "이념적인 놀이"라고 볼 수 없다. 이러한 "이념적인 놀이"는 "선험적인 장"으로서 일관성의 평면 위에 존재하는 추상적인 기계에 의해서만 가능하다. 그럼에도 불구하고 들뢰즈와 가타리는 유목적인 전쟁기계가 국가 장치보다 추상적인 기계에 가깝다고 말하는데, 왜냐하면 변용능력에 있어서 전쟁기계가 국가 장치보다 우월하기 때문이다. 국가 장치에 의한 전쟁기계의 전유는 "그것의 변신 역량을 잃게" 만든다.

　이와 같이 유목적 전쟁기계가 변신 역량 혹은 변용 역량에서 우월한 것은 그것이 "외부"와의 접촉에 의해 유연하고 빠르게 변신하기 때문이다. 말하자면 〈바둑〉에서 "바둑알은 오직 외부성의 환경만을, 즉 일종의 성운이나 성좌를 가진 외부적인 관계만을 구성"[58]한다. 반면 〈장기〉에서 말들은 "내적 본성 또는 내적 특성을 구비하고 있다."[59]

　또한 들뢰즈와 가타리는 고대의 '유목 과학'이 '흐름의 과학'이라

56　질 들뢰즈, 펠릭스 가타리, 『천개의 고원』, 서울: 새물결 출판사, 2003, 675쪽
57　『천개의 고원』, 675쪽
58　『천개의 고원』, 674쪽
59　『천개의 고원』, 674쪽

고 말하면서, 다음과 같이 쓰고 있다.

> "이것은 소용돌이 모델로서 열린 공간 속에서 움직이며 이
> 를 통해 닫힌 공간을 구분해 직선적 또는 고체적 사물들에 배
> 분하는 것이 아니라 흐름으로서의 사물들이 배분된다."[60]

말하자면 유목 과학은 "유목적인 분배"의 과학이었던 것이다. 뿐
만 아니라 이러한 유목 과학은 순수사건과 무관하지 않다. 들뢰즈
와 가타리는 다음과 같이 쓰고 있다.

> "이 모델은 정리적이라기보다는 문제설정적이다. 도형은 절
> 단, 삭제, 부가, 투영 등 도형에 가해지는 변용이라는 관점에서
> 만 고찰된다. 유에서 종으로 내려가면서 종차를 끌어내거나 연
> 역을 통해 안정된 본질에서 출발해 거기에서 유출되는 특성으
> 로 나아가기보다는 오히려 특정한 문제에서 출발해 이 문제를
> 조건 짓고 해결하는 다양한 사건들로 나아간다. 여기서 말하는
> 사건에는 온갖 종류의 변형, 변환, 극한으로의 이행 등이 포함
> 되는데, 이러한 조작 속에서 각각의 도형은 본질이 아니라 하
> 나의 '사건'을 나타내게 된다. … 정리가 이성의 질서를 따르는
> 데 반해 문제는 변용태(affect)의 차원에 속하는 것으로서 과학

60   『천개의 고원』, 692쪽~693쪽

자체의 다양한 변신이나 발생, 창조와 불가분의 관계에 놓여 있다."[61]

그뿐만 아니라 들뢰즈와 가타리는 '유목민의 궤적' 또한 유목적인 분배의 역할을 한다고 말한다. 들뢰즈와 가타리에 의하면 유목민의 궤적은 "정주민들의 도로의 기능", 즉 정주적 분배의 기능으로서 "인간들에게 닫힌 공간을 배분하고 부분적인 공간을 각자의 몫으로 지정"하는 기능을 하지 않으며 오히려 인간들과 짐승들을 열린 공간 속으로, "무규정적이며 교통하지 않는 공간 속으로 분배"한다.[62]

또한 들뢰즈와 가타리의 중요한 개념 중 하나인 〈매끈한 공간〉과 〈홈 패인 공간〉은 각각 유목적 분배와 정주적 분배에 대응한다.

"홈이 패인 공간에서 곡면은 닫혀 있으며 지정된 절단에 따라, 규정된 간격에 따라 '배분'이 일어나지만, 매끈한 공간에서는 모든 것이 열린 공간 위에서 빈도와 경로의 장단에 따라 '분배'가 일어난다."[63]

이런 의미에서 매끈한 공간은 "소유의 공간이 아니라 변용태

---

61   『천개의 고원』, 693쪽
62   『천개의 고원』, 730쪽
63   『천개의 고원』, 918쪽

(affect)의 공간이다."[64]

노파심에서 말하자면, 들뢰즈에게 있어 **이렇게 '소유' 자체를 불가능하게 하는 유목적 분배는 당연히 '국유' 혹은 '공유'도 제거한다.** 들뢰즈와 가타리에 의하면 사적 소유는 공적 소유를 전제하며 동시에 공적 소유의 체계가 구성될 때는 항상 "사유(私有) 체계의 흐름이 생겨"난다.[65]

64　『천개의 고원』, 914쪽
65　『천개의 고원』, 862쪽

04

랑시에르의
코뮤니즘

◆

랑시에르는 '몫'이라는 관념 자체, 닫힌 공간의 정주적 분할 자체를 문제 삼는다는 점에서 코뮤니스트이다. 그의 '몫 없는 자들의 몫'이라는 말도 사적 소유로의 회귀를 의미하는 것이 아니다. "몫 없는 자들의 몫"은 곧 사회 전체를 의미하기 때문이다. 『정치적인 것의 가장자리에서』의 말을 빌리면 이러한 빈민에 의해 구성된 공동체(= 사회 전체)는 "나눔의 공동체"[66]이지만 이러한 '나눔의 공동체'를 형성하는 것은 사회적 세계가 분할되어 있지 않음을, 즉 "오로지 하나의 세계만이 존재"[67]한다는 사실을 부자들에게 보여주는 것, 즉 실재하는 유일한 공통의 잠재적 공간이 존재한다는 사실을 보여주는 것

---

66   자크 랑시에르, 양창렬 옮김, 『정치적인 것의 가장자리에서』, 서울: 길, 2008, 115쪽

67   『정치적인 것의 가장자리에서』, 115쪽

이기 때문이다. 랑시에르는 다음과 같이 쓰고 있다.

"아무것도 아닌 이들은 … 자신들의 집합성을 공동체 전체
와 동일한 것으로 정립하게 된다."[68]

'아무것도 아닌 이들'이 '몫 없는 자들'과 동일시 되는 것은 '고유
성'과 '특성'으로서의 property와 '소유'로서의 property가 같은 것
으로 생각되기 때문이다. 즉 몫 없는 자들은 "자신들의 특성"과 "전
체의 공동 특성" 모두를 소유하지 못한 존재자들로서 '아무것도 아
닌' 존재자들이다.[69]

랑시에르에 의하면 오늘날의 합의 체계는 "각각의 명칭에 부합하
는 특성"을 지닌, 그래서 전체의 공동 특성을 각각의 부분들이 소유
하고 전체는 또한 부분들의 합 이상이 아닌, 감각적인 것의 나눔에
다름 아니다.

이러한 '전체'는 오늘날 국가에서 인류로까지 확장되었다고 랑시
에르는 말한다. 즉 '개인'은 인류의 공통 특성으로서 '인간성'을 '소
유'하고 있다고 지배질서는 선언한다. 그렇다면 랑시에르는 '인류'
에서 '민족'으로 퇴행해야 한다고 주장하는 것인가? 그렇지 않다.
랑시에르가 제시하는 정치 공동체는 일종의 "특성 없는 공동체"이
다. 즉

---

68   『불화』, 189쪽
69   『불화』, 190쪽

"정치 공동체는 공동의 본질 내지 공동적인 것의 본질의 현재화가 아니다."[70]

그리고 인간이 가지는 공통 본질에 근거한, '인도주의적인' 합의 체계는 자신을 '문명적인' 것으로 제시한다. "합의 체계는 자기 자신을 비법치의 세계에 맞서는, 종교적이거나 민족적인 정체성 중심적인 야만의 세계에 맞서는 법치의 세계로 표상한다."[71]

그런데 이러한 자연법적인 인권과 인도주의의 시대는 "논쟁적 독특화의 역량", 즉 여성, 프롤레타리아, 흑인 등의 소수자들의 독특화의 역량을 축소시키는 시대이며, 이러한 논쟁이 불가능한 시대란 '인류에 반하는 범죄'라는 선언만으로 이 범죄에 대해 사유하는 것이 불가능해진 시대라고 랑시에르는 말한다.

"정치는 학살 앞에서 물러서야 하며 사유는 사고 불가능한 것 앞에서 무릎을 꿇어야 한다."[72]

그런데 랑시에르에 의하면 이러한 "인간성(인류)과 그것에 대한 부인 사이의 단순한 관계"[73]의 설정에 의한 진부한 도덕주의는 정치와

---

70   『불화』, 211쪽
71   『불화』, 191쪽
72   『불화』, 195쪽
73   『불화』, 211쪽

민주주의를 가능케 하는 '불화', 혹은 '계쟁'을 불가능하게 만든다. 왜냐하면 인간성은 더 이상 여성이나 프롤레타리아, 흑인 등의 구체적인 얼굴을 필요로 하지 않기 때문이다. 이러한 분위기는 서구의 인권 담론의 틀에 부합하지 않는 잘못에 대한 논변을 무시하게 만든다.

랑시에르의 코뮤니즘은 또한 '고유성'을 넘어서는 데 있다. 랑시에르는 직접적으로 해방으로서의 정치는 "… '고유함'의 현실화가 아니다"[74]라고 말하고 있다. 해방으로서의 정치는 개인의 고유함도 공동체의 고유함도 인정하지 않으며 따라서 개인의 공동체에 대한 헌신이 아니라고 랑시에르는 말한다. 또한

"이것은 … 논리문제이다. 해방의 정치는 고유하지 않은 고유함의 정치이다. 해방의 논리는 타자론이다."[75]

고대 그리스에서 민주주의는 '자유'라는 데모스에게 전혀 고유하지 않은, 즉 "어떠한 실정적인 특성에 의해서도 규정되지 않"[76]은 특성에 의해서 작동했다. 말하자면 '자유'라는 것은 데모스에게만 주어진 것이 아니었지만, 데모스는 이렇게 자신에게 주어진 "비고

---

74 『정치적인 것의 가장자리에서』, 136쪽
75 『정치적인 것의 가장자리에서』, 138쪽
76 『불화』, 34쪽

유한 고유성"[77]으로서 '자유'를 통해 공동체 전체를 규정지었기 때문이다. 즉,

> "공동체의 한 부분이 아닌 이러한 부분[곧 데모스]은 … 자신의 이름 … 을 공동체의 이름 그 자체와 동일시한다."[78]

랑시에르에 의하면 데모스들, 혹은 빈민들은 '감각적인 것의 분배' 속에서 로고스가 없는 존재로 취급되었고, 따라서 말을 할 수 없는 존재였기 때문에 이들이 말을 한다는 것은 하나의 '사건'이었다. 랑시에르는 『역사의 이름들』이라는 책에서 역사의 서술 대상에 불과한 빈민들이 말하는 것에 대해서, 그리고 이러한 대중들의 '과도한' 말을 통해서 말과 사물의 대응 관계가 왜곡되는 것에 대해서 홉스는 개탄했다고 말한다. 말하자면 하나의 〈사건〉 속에서 빈민들은 정해진 자리에서 이탈하는 존재이자, 어떠한 현실과도 대응하지 않는 이름들을 증식시키는 존재였던 것이다.

그리고 이러한 이름들의 생산은 "이론적이며 정치적인 악과 동일시된다."[79] 왜냐하면 이러한 이름들의 부유는 "어떤 실재하는 고유성도 명명하지 못"[80]하는 동음이의어들과 형상들을 생산하기 때문

---

77   『불화』, 35쪽

78   『불화』, 35쪽

79   자크 랑시에르, 안준범 옮김, 『역사의 이름들』, 서울: 울력, 2011, 44쪽

80   『역사의 이름들』, 44쪽

이다. 이런 '악'에 맞서 홉스는 공자의 정명(正名)론과 같이 "지시대상 없는 이름들과, 있어서는 안 되는 문구들"[81]을 파괴해야 한다고 주장한다. 이렇게 하기 위해서는 '아무나'가 담론의 발신자나 수신자가 될 수 있는 기회를 박탈해야 한다고 홉스는 주장한다.

그리고 이러한 대중들의 배제와 혁명적 사건에 대한 비판, 그리고 '고유성'의 옹호는 사회과학의 전통을 형성해 왔다고 랑시에르는 말한다. 랑시에르는 다음과 같이 쓴다.

> "홉스는 이런 식으로 과학의 관점과 왕의 자리의 관점 사이의 동맹을 확립한다. 나는 이러한 이론적 전통을 군주적-경험주의로 부르자고 제안한다. … 또한 정치적 논쟁에서 과학적 비판으로 옮겨가면서 사회과학의 전통 일체를 키우게 될 것도 바로 이러한 전통이다. 집요하게 말들을 소환하여, 말해지는 것의 일관성 또는 비일관성을 자백하게 만들고, 그리하여 특히 왕들을 심리할 때의 말들이나 민주주의 시대의 혁명들과 위대한 운동들이 이루어질 때의 말들에는 고유성 없음과 동음이의적인 미망이 나타난다는 점을 고발하는 것이 바로 사회과학의 전통이다."[82]

이러한 전통을 랑시에르가 "군주적-경험주의"라고 부르는 것은

---

81   『역사의 이름들』, 41쪽
82   『역사의 이름들』, 45쪽

사회과학의 전통이 통치자의 입장을 대변했을 뿐만 아니라 지시대상이 없는 공허한 기호를 비판하는 경험주의적 입장을 취했기 때문이다. 이러한 군주적-경험주의는 왕의 관점에서 안정된 질서, 즉 모든 사람이 정해진 자리에 위치하는 것을 선호하기 때문에 보수주의로 흐르기 쉽다. 즉 '나쁜 대중' 혹은 '말하는 대중'을 받아들이지 못하는 것이다.

> "대중의 변질은 자신들의 자리 바깥으로 벗어나면서, 자신들의 객관화의 규칙성을 벗어나는 것을 통해 말하는 주체들로, 또한 자신들에 대해 이야기하고 타인들에게 이야기하는 주체들로 단편화되고 분해되면서 이루어진다."[83]

그리고 랑시에르는 근대 사회과학의 전통이 실제의 혁명, 특히 프랑스 혁명이라는 사회과학자들에게 있어서는 불쾌한 사건이 남긴 트라우마를 극복하기 위해서 창설되었다고 말한다. 이런 의미에서 "혁명의 폭력"은 "사건 일반의 이론적 추문"과 동일시 되었다. 이와 같은 의미에서 혁명은 사회과학과 대립된다. 랑시에르는 다음과 같이 쓴다.

> "사건의 새로움은 시대착오의 새로움이다. 혁명이야말로 대

83　『역사의 이름들』, 39쪽

표적인 사건이며, 사회과학이 말들의 비-고유성과 사건들의 시대착오를 고발하면서 형성되는 대표적인 장소이다."[84]

혁명적 사건은 항상 〈시대착오〉일 수밖에 없는데, 왜냐하면 혁명적 사건의 시간은 시대의 자기 자신과의 비동일성이 드러나는 시간이기 때문이다.

어찌 되었든 이러한 혁명적 사건을 불가능하게 하는 '고유성'의 질서, 혹은 '치안'의 질서는 곧 분배의 질서이다. 즉 '치안'은 "자리들과 기능들을 위계적으로 분배하는 것"[85]을 의미한다. 랑시에르는 더 나아가 이러한 '감성적인 것의 분배'와 실제 공간의 분할을 일치시키는 '의미의 영토화'가 "낭만주의적" 작업에 의해 수행되었다고 말한다.

　　"의미의 영토화라는 '낭만주의적' 작업에 의한 역사는 공화주의적이고 학문적이다. 이 작업은 말들의 과도함과 목소리들의 분할을 땅과 바다 사이에서, 평야지대와 산악지대 사이에서, 섬과 반도 사이에서 배분한다."[86]

이것은 들뢰즈가 말하는 '정주적인 분배'인 것이다. 이러한 '정주

84　『역사의 이름들』, 60쪽
85　『정치적인 것의 가장자리에서』, 133쪽
86　『역사의 이름들』, 122쪽

적 분배'를 랑시에르는 "문명에 고유한 '나눠 갖기의' 필연성"이라고
부르며 이러한 분할이 "지질학적"이라고 말한다. "이 지질학적 할
당 …"[87]. 이러한 지층을 근원적으로 파괴시키거나 변형시키는 것
은 "역사의 이름들", 즉 무명의 인민에서 혁명적인 사건과 동일시
됨으로써 이름을 획득한 자들이다. 이와 같이 인민이 사건과 동일
시된다는 점에서 사실상 역사의 고유명은 고유한 사물 또는 고유한
사람의 이름이 아니라 사건의 이름들이라는 것을 알 수 있다. 더 나
아가 어떠한 혁명적 사건에 의해 프롤레타리아, 흑인, 여성의 범주
가 수면 위로 올라올 때에도 이 범주 자체의 고유함이나 특성은 드
러나지 않는다고 말한다. 오히려 평등의 실행, 해방의 실행은 이러
한 고유함이나 특성을 가능하게 하는 범주의 자기-동일성을 파괴
한다. 이렇게 자기-동일성을 갖지 못한 자라는 점에서 이러한 범주
의 이름은 "익명의 이름이자, 아무나의 이름이다."[88]

랑시에르에 의하면 보편성이란 범주의 property에 의해 미리 규
정되는 것이 아니고 오히려 평등이라는 전제로부터 그리고 아직 규
정되지 않은 개념으로부터 생겨나는 것을 말하는 논증과정 속에 있
다고 말한다. 이것을 랑시에르는 다음과 같이 풀어서 설명한다.

> "보편성은 특수한 범주들의 매개를 거쳐 발전할 수 있다. 예
> 를 들어, 19세기 프랑스에서 노동자들은 다음과 같은 형태의

87   『역사의 이름들』, 129쪽
88   『정치적인 것의 가장자리에서』, 138쪽

질문으로 그들의 파업을 조직할 수 있었다. 프랑스 노동자들은 헌법이 법 앞에 평등하다고 선언하는 그 프랑스인들의 집합에 속하는가 속하지 않는가? 그 질문은 훨씬 더 역설적으로 될 수 있다. 예를 들어, 최초의 프랑스 여성운동가들은 그것을 다음과 같이 정식화할 수 있었다. 프랑스 여자도 프랑스인인가?"[89]

이와 같은 논리적 역설의 장소, 즉 "논리적 비−장소"를 하나의 증명의 장소로 변환하는 것이 바로 이 프랑스 노동자들과 프랑스 여성운동가들이 한 일이었다. 이러한 평등을 입증하는 사례를 구성하는 것은 동시에 '평등한 아무나'의 생산과정이라는 의미에서 주체화 과정이다.

이러한 주체화 과정이란 레닌주의적 의미에서의 '계급의식의 주입'이 아니라 계급의 자기−동일성을 파괴하는 과정을 의미한다. 즉 프롤레타리아는 "아무나의 이름, 내쫓긴 자들의 이름"[90]이었다. 주체화 과정은 이와 같은 의미에서 탈계급화의 과정이다. 더 나아가 랑시에르는 해방적 주체가 모든 정주적 분배를 파괴하는 "사이에 있는 것(un in−between)"이라고 말한다. 이 '사이에'란 정주적 분배의 모든 구획과 영토들의 '사이에' 존재함을 말한다. 즉 "지위들 혹은 정체성들 사이에, 인간성과 비인간성, 시민성과 그것의 부인 사이에, 도구로서의 인간의 지위와 말하고 사유하는 인간의 지위 사이

---

89   『정치적인 것의 가장자리에서』, 139쪽
90   『정치적인 것의 가장자리에서』, 140쪽~141쪽

에"[91]. 이런 의미에서 해방적 주체는 '경계 위의 주체'이다.

이와 같은 '경계'는 두 동일성으로 환원되지 않는 '틈새'라는 점에서 '차이 자체'라고 볼 수 있다. 랑시에르는 이런 의미에서 많은 사람들의 편견과는 달리 "평등의 과정은 차이의 과정이다."[92]라고 못을 박는다. 즉 진정한 차이는 어떤 집단의 고유성이나 개인의 고유성을 의미하는 것이 아니며 오히려 이 고유성이 철저히 파괴되는 토포스(topos)로서 '틈새'에 존재한다. 랑시에르는 이러한 '틈새'들의 공동체를 꿈꾼다. 그리고 이러한 '틈새'는 정주적 분배의 〈외부〉에 존재한다. 즉 랑시에르의 '틈새'의 공동체는 정주적 분배와 대립한다. 랑시에르는 다음과 같이 쓰고 있다.

> "해방의 정치는 인간에 대한 동화와 시민에 대한 동화를 인정하지 않는다. 해방의 정치의 주장에 따르면, 권리 선언의 보편성은 그것이 허용하는 논증들의 보편성이다. 프랑스의 경우 선언은 인간과 시민이라는 두 항을 분리하고 하나가 다른 하나에 의존하지 않는 것을 허용하는 틈새 자체 때문에 가능하며, 인간으로도 시민으로도 셈해지지 않는 그들 혹은 그녀들의 권리들을 포함하는, 권리에 대한 무수한 증명들의 미쟝센을 통해 가능하다."[93]

---

91 『정치적인 것의 가장자리에서』, 141쪽
92 『정치적인 것의 가장자리에서』, 144쪽
93 『정치적인 것의 가장자리에서』, 145쪽

05

결론

이러한 셈해지지 않는 자들은 '특성이 없는 자'들로서 고대 로마에서 쓰이는 의미에서 오직 번식능력만을 가지는 '프롤레타리아'라고 볼 수 있다. 이렇게 특성을 부여받지 못한 채로 무한히 증식하는 다자로서의 프롤레타리아라는 '바이러스' 혹은 '종양'을 제거하는 것이 합의 체제의 본성이다. 이러한 셈해질 수 없는 자들을 제거한 채 셈해질 수 있는 자들만 남았기에, "합의의 공동체는 개인이나 관념들에서 정확히 필요한 수의 존재들만 있는 공동체다."[94]

그리고 랑시에르는 문학이 바로 이런 의미에서 받아들여질 수 없는, 셈해지지 않는 존재자들을 민주주의적 정치와 연결시킨다고 말

---

94   『정치적인 것의 가장자리에서』, 203쪽

한다. 왜냐하면 문학은 나와 나 사이에 '타자'를 기입함으로써 끊임없이 자기-동일성을 해체하는 장치이기 때문이다. 랑시에르는 이러한 자기-동일성의 해체를 통해서만 특이성이 가능함을 말한다. 이러한 특이성들은 "무수한 마주침으로 조직되었으며, 다른 특이성들, 다른 계열들의 계열들과 접촉하면서 끊임없이 스스로 특이해지는 특이성들"이다. 이는 특이성들이 '고유성'과 달리 자기-동일성을 가지지 않으며 '외부'와의 마주침을 통해서 끊임없이 그 특성이 달라지는 절대적 외부성이자 차이 자체라는 들뢰즈의 주장과 일치한다.

그리고 랑시에르는 이러한 특이성을 일종의 '유령'으로서 "부유하는 존재들"이라고 주장하며 가장 사악한 악마는 바로 이러한 유령을 쫓아내야 한다고 주장하는 자들이라고 말한다. 그리고 이러한 '특이성'으로서의 '유령성'은 "공동체 내의 신체들의 어떤 분배에도 정당화된 자리를 갖지 않는다."[95] 이것을 들뢰즈의 용어로 번역하면 특이성들의 선험적 장은 유목적 분배를 따르며 정주적 분배를 갖지 않는다는 것을 의미한다.

이와 같은 의미에서 들뢰즈와 랑시에르는 '분배'에 대한 새로운 관점을 제시함으로써 코뮤니즘을 혁신하고 있다.

95　『정치적인 것의 가장자리에서』, 209쪽

▌ 참고문헌 ▌

- 김상범, 『철학은 주사위 놀이다』, 군산: 하움, 2022
- 서동욱, 『들뢰즈의 철학』, 서울: 민음사, 2002
- 자크 랑시에르, 진태원 옮김, 『불화』, 서울: 길, 2015
- 자크 랑시에르, 안준범 옮김, 『역사의 이름들』, 서울: 울력, 2011
- 자크 랑시에르, 양창렬 옮김, 『정치적인 것의 가장자리에서』, 서울: 길, 2008
- 장 폴 사르트르, 현대유럽사상연구회 옮김, 『자아의 초월성』, 서울: 민음사, 2020
- 질 들뢰즈, 이경신 옮김, 『니체와 철학』, 서울: 민음사, 2008
- 질 들뢰즈, 이정우 옮김, 『의미의 논리』, 파주: 한길사, 2015
- 질 들뢰즈, 김상환 옮김, 『차이와 반복』, 서울: 민음사, 2011
- 질 들뢰즈, 펠릭스 가타리, 『천개의 고원』, 서울: 새물결 출판사, 2003
- 프리드리히 니체, 장희창 옮김, 『차라투스트라는 이렇게 말했다』, 서울: 민음사, 2004

Ⅱ

Property를 넘어서

01

서론:
Property의 배타성

◆

소유와 고유성이 영어로 동일하게 property라는 것은 우연이 아니다. 게다가 프랑스어에서 고유한 것과 깨끗한 것은 동일하게 le propre이다. 깨끗하다는 것은 이질적인 것으로서의 더러운 것을 추방하는 것이고 이는 나의 고유성을 지키기 위해 타자를 내쫓는 것과 같은 것이다. 또한 이와 같은 나의 주체적 소유물로서 고유성을 지키는 것은 또한 나의 객체적 소유물을 지키는 것과 동 근원적이다. 미셸 셰르는 다음과 같이 쓰고 있다.

"··· 이는 언어의 유희가 아니다. 단순히 그것은 동일한 낱말이다. 즉 고유한 것(le propre)은 깨끗한 것(le propre)이고, 소유(la propriété)는 고유성(propriét)에 불과하다."[96]

셰르는 소유의 기원에 '똥'이 있었음을 선험적으로 유추해낸다. 왜냐하면 다른 사람들의 소유에 대한 욕망을 단념시키는 데에는 '더러운 것'에 대한 혐오감이 가장 강력한 힘을 발휘했을 것이며, 나의 배설물은 나에게 다른 사람만큼의 혐오감을 불러일으키지는 않았기 때문이다. "자기 자신의 똥은 좋은 냄새가 난다는 것, 이것이 소유의 근본 토대이다."[97]

셰르는 이러한 선험적인 분석뿐만 아니라 경험적인 사례 또한 제시한다. 셰르에 의하면 하숙집에서 샐러드 요리를 차지하기 위해 샐러드에 침을 뱉는 사람이 존재했다. 또한 개는 오줌을 눔으로써 자신의 영역을 표시한다.

여기서 변하지 않는 것은 '더러움'을 통해 공통적인 것을 고유한 것으로 전환시킨다는 점이다. 즉 타자에게 감각적이고 원초적인 불쾌감을 불러일으킴으로써 상대방의 소유의지를 박탈하는 것이다. 이런 의미에서 원초적인 불쾌감을 불러일으키는 것은 이러한 더러운 물건이나 장소로부터 '발산되는 것'이어야 한다. 즉,

"그것은 하나의 소리여야 하고, 냄새여야 한다. 그것이 열려진 귀를 때려야 하고, 그것이 바람을 타고 열려진 콧속으로 침

---

96 미셸 세르, 김웅권 옮김, 『기식자』, 서울: 동문선, 2002, 230쪽

97 『기식자』, 230쪽

투해야 한다."[98]

　이와 같은 사적 소유의 기원에 관한 '똥 이론'은 어느 날 갑자기 누군가가 땅에 울타리를 둘러쳐서 사적 소유가 만들어졌다는 루소 이론의 허점을 극복한다. 셰르에 의하면 울타리를 둘러쌈으로써 사적 소유를 주장했던 자들은 다른 이들에 의해 죽음을 면치 못했다.

> "로마 성벽에 그려진 최초 경작을 보면, 우리는 두 사람의 쌍둥이를 잘 구분하기가 어렵다. 한 사람은 땅을 울타리로 둘러싸고 있고, 다른 한 사람은 울타리를 침범하고 있다. 그들은 둘 다 그 기원의 시대에 최초의 동등자이다. 그래서 그들은 서로를 죽인다. … 땅뙈기에 울타리를 쳐놓고, **이것은 내 것이다**라고 말할 생각을 해냈던 최초의 인간은 죽은 인간이었다. 그는 곧바로 자신의 암살자들을 만들어 냈던 것이다. 태초에 살인이 있다. … 로물루스는 레무스를 깊이 매장하기 위해서만 땅을 갈았다."[99]

　그렇다면 이러한 죽음으로부터 자신을 보호하기 위해서 땅에 울타리를 친 인간은 다른 인간들과 끊임없는 죽고 죽이는 전쟁 속으로 들어가야 하는데 이러한 끝없는 전쟁에 대한 가설은 합리적이지

98　『기식자』, 224쪽
99　『기식자』, 221쪽

않다고 셰르는 말한다. 왜냐하면 이와 같은 선사 시대로부터 이어져 내려오는 모든 장소에서 벌어지는 끝없는 전쟁은 인류를 멸종시킬 것이고 따라서 우리 자신의 존재 자체를 불가능하게 만들기 때문이다.

> "평화가 있는 것이다. 말하자면 우리는 평화가 없다면 여기에 있지 않을 것이다."[100]

노파심에 말하지만 이는 논리적인 분석이지 전쟁에 대한 혐오표현과는 상관이 없다. 나는 전쟁을 긍정하고 옹호한다.

미셸 셰르는 이질적인 타자를 불가능하게 한다는 점에서 세계를 관념적 틀에 가두려는 관념론 철학이 곧 세계를 '소유'하려는 욕망이라고 말한다. 이런 의미에서 관념론 또한 '똥'에 불과하다는 것이 셰르의 주장이다.

> "모든 관념론의 강력한 정리는 다음과 같이 씌어진다. 즉 세계는 나의 표상이다. 이것은 이렇게 표현될 수 있다. 세계는 표시가 된 나의 영역이고, 세계는 나의 시장이다. … 관념론은 똥과 같고, 똥 같은 이론이 관념론을 발견한다.
> 아니다. 세계는 나 없이, 내 앞에, 나 다음에도 존재한다."[101]

---

100 「기식자」, 222쪽
101 「기식자」, 233쪽

미셸 세르는 이와 같은 관념론, 즉 이성 중심의 철학에 의해 규정되는 근대성의 역사가 부랑자·광인과 같은 기식자들을 추방하고 배제해온 역사였다고 말한다. 그리고 이러한 이성의 철학은 니체가 말했듯이 '철학적 노동'에 불과한 것이었다고 셰르는 말하고 있다.

> "개미는 자신의 집에 있다. 개미는 합리적이고, 일을 한다. 그것은 무질서를 추방하면서 일을 한다. … 그것은 노래하는 여인들과 무희들을 내쫓았다. … 우리가 곧바로 주목하게 되는 것은 일과 경찰의 등가이다."[102]

> "개미는 일을 한다. 개미는 자신의 집에서 순수 이성 속에 있다. 그것은 질서를 만들어 내면서 하나의 체계, 혹은 하나의 도시를 형성했다. 이것으로 끝난 것이 아니다. 무질서를 제거해야 하고, 그러기 위해 일을 해야 한다. … 사람들은 체계가 도로 미화원들 덕분에 깨끗할 것이라고 기대한다."[103]

이렇게 합리적 소유권을 정당화하는 질서로서 이성 중심의 철학은 체계를 '깨끗하게' 만들어 이질적인 타자성을 쫓아낸다. 이러한 '환경미화'의 작업은 타자들에 대해서는 일종의 '폭력'이 된다. 그리고 "소유권의 기원에 관한 똥 이론은 이점을 예견하고 있다."[104]

....

102 『기식자』, 152쪽
103 『기식자』, 153쪽
104 『기식자』, 153쪽

02

하이데거
비판을 위하여

◆

이렇게 볼 때 고유성, 소유, 특성, 깨끗함, 배타성은 모두 근원적
인 의미에서 볼 때 같은 것이다. 따라서 우리는 '고유성'이나 '특성'
으로써의 property를 극복할 때에 소유를 극복하며 코뮤니즘으로
나아갈 수 있다.

현대철학자 중에서 '고유성'을 옹호한 대표적인 철학자는 바로 하
이데거이다. 하이데거에 의하면 '세인'에 의해 규정된 평균적인 일
상성 속에 있는 현존재는 자신의 고유한 존재에 대해 무관심한 사
람이다. 하이데거는 다음과 같이 쓰고 있다.

"현존재 자신이 존재하고 있는 것이 아니라 타인들이 그에
게서 존재를 빼앗아버렸다. ⋯ 이때 이러한 타인들은 특정한

타인이 아니다. … '남들'이 곧 일상적인 서로 함께 있음에 우선 대개 '거기에 있는' 그들인 것이다. 그 '누구'는 이 사람도 저 사람도 아니고, 사람들 자신도 아니며, 몇몇 사람들도 아니고, 모든 사람의 총계도 아니다. 그 '누구'는 중성자[불특정 다수]로서 그들[세인]이다.

　… 대중의 교통수단을 사용하면서, 정보매체(신문)를 이용하면서 타인은 모두 같은 타인 셈이다. 이러한 서로 함께 있음은 고유한 현존재를 완전히 '타인들의' 존재양식 속으로 해체해버리며 그래서 타인들의 차별성과 두드러짐이 더욱더 사라져버리게 된다."[105]

　하이데거에 의하면 이렇게 대중매체를 통해서 개체의 고유성은 사라지고 익명적 대중이 등장하게 된다. 하이데거에 의하면 이렇게 대중매체에 의해 익명적인 흐름으로써 대중으로 변환되는 현존재는 '죽음으로 먼저 달려가 봄'을 통해서만 자신의 고유한 본래적 존재에 대해 자각하게 된다.

　하이데거는 누구도 나의 죽음을 대신할 수 없기에 "죽음은 가장 고유한 … 가능성"[106]이며, 이 고유한 가능성으로서의 죽음은 언젠가는 일어난다는 점에서 확실한 것이며, 또한 죽음은 언제든 일어날 수 있다는 점에서 현존재의 실존은 항상 이러한 "죽음의 가능

105　마르틴 하이데거, 이기상 옮김, 『존재와 시간』, 서울: 까치, 2018, 176쪽
106　『존재와 시간』, 336쪽

성 안으로 내던져져 있는 것"[107]이라고 말하고 있다. 이런 의미에서 "죽음의 확실성과 죽음의 [들이닥침의] '언제'의 무규정성은 같이"[108] 가며 더 나아가,

> "현존재의 종말로서의 죽음은 현존재의 가장 고유하고 무연관적이며 확실하며 그리고 그 자체로서 무규정적이고 건너뛸 수 없는 가능성이다."[109]

하이데거는 평균적인 실존으로부터 벗어나 '죽음으로 먼저 달려가 봄'으로 나아가야 한다고 말하는데, 이것은 자살을 하라는 말이 아니다. 이것은 오히려 죽음을 항상 임박한 '가능성'으로 생각해야 한다는 말이지, 죽음을 실현하라는 말이 아닌 것이다. 박찬국은 다음과 같이 쓰고 있다.

> "'죽음을 향한 존재'는 '하나의 가능한 것으로서의 죽음의 실현'을 추구하는 것이 아니며 또한 죽음의 가능성이 언제 그리고 어떻게 실현될 것인가에 대해서 고민하는 것도 아니다. … 우리는 죽음을 항상 가능한 것으로서, 즉 항상 목전에 임박해

---

107 『존재와 시간』, 336쪽
108 『존재와 시간』, 345쪽
109 『존재와 시간』, 346쪽

기호와 현대철학

있는 것으로 생각하면서 삶을 기획해야 한다는 것이다."[110]

이렇게 죽음이 임박했다고 생각된다면 인간은 기만적이고 비본래적인 일상적 생활로 삶을 가득 채우고 있다는 데에 대해 섬뜩하게 생각하며 자신의 본래적이고 고유한 실존으로 나아간다고 하이데거는 주장한다. "현존재는 … 고유한 자기를 발견해야만 한다."[111]

이런 의미에서 데리다는 하이데거의 『존재와 시간』이 고유성과 비고유성의 대립으로 짜여진 직물이라고 말한다. 이뿐만 아니라 하이데거는 존재가 진리를 소유하고 있다는 확신을 가지고 있다. 그런데 데리다는 property를 형성하는 과정으로써 propriation의 과정이 진리의 역사를 구성해왔다는 것을 니체가 보여주었다고 말한다. 왜냐하면 이러한 propriation의 과정이란 "점유 · 수용 · 소유취득 · 증여와 교환 · 지배 · 예속 등"[112]을 포괄하는데, 이는 모든 언어활동과 상징적 교환의 과정 전체를, 그러므로 모든 존재론적 언표들을 포함하기 때문이다. 따라서 이러한 propriation의 과정은 존재의 질문 혹은 존재의 의미에 대한 질문보다 선행한다.[113]

---

110 박찬국, 『하이데거의 『존재와 시간』 읽기』, 서울: 세창미디어, 2013, 159쪽

111 『하이데거의 『존재와 시간』 읽기』, 165쪽

112 자크 데리다, 김다은 · 황순희 옮김, 『에쁘롱』, 서울: 동문선, 1998, 98쪽

113 이뿐만 아니라 니체는 다음과 같이 쓰고 있다.
"모든 도덕적 충동은 아마도 소유하고 유지하려는 욕구로 귀결될 수 있을 것이다. … 그래서 우리는 더 정교한 것까지 소유해나간다. 결국 사물에 대해 완전히 인식한다는 것이 소유를 추구하기 위한 조건이 될 정도로 말이다. 때로는 완전한 인식 자체가 소유로서 이미 충족된 경우도 종종 있다."(프리드리히 니체, 안성찬 · 홍사현 옮김, 『즐거운 학문/메시나에서의 전원시/유고(1881년 봄~1882년 여름)』, 서울: 책세상, 2015, 431쪽)

데리다에 의하면 니체는 이 propriation의 결정 불가능한 과정을 통해서 고정된 property를 해체시킨다. 이러한 해체를 가능하게 하는 것은 '여성'이다.[114] 데리다는 니체를 해석하면서 다음과 같이 쓴다.

"여성은 줌으로써, 몸을 내맡김으로써 여자이고, 남성은 획득하고 소유하며 소유 취득한다. 때로 여성은 정반대로 ~을 위하여 몸을 내맡김으로써, 소유의 지배력을 위장하고 소유의 지배력을 스스로 확실시한다. … ~을 위하여 그것의 가치가 어떠하든 외관을 내보이면서 속이든지, 목적 혹은 교활한 계산에 의해 어떤 목적지를 도입하거나 고유성의 상실에 있어서 이득 또는 손실로 어떤 귀환을 도입하든지, ~을 위하여는 보유하고 있는 재능을 지키게 되고, 이때부터 성적 대립의 모든 기호들을 변화시킨다. 남성과 여성이 자리를 바꾸고, 그들의 가면을 끊임없이 교환한다."[115]

이렇게 가면을 쓰고 화장하며 외관을 내보이는 여성은 본질을 갖지 않는다. '여성의 고유한 본질', 혹은 여성의 고유성은 존재하지 않는다. 그리고 이러한 비본질성은 남성조차도 변질시킨다. "남성

---

114 데리다는 하이데거가 니체의 『우상의 황혼』에 나오는 「어떻게 '참된 세계'가 마침내 우화가 되었는가」라는 짧은 글에서 "그것은 여성적인 것이 되며."라는 구절을 해석하지 않고 지나쳤음을 지적한다. 이를 단순히 우연이라고 할 수 있을까?(프리드리히 니체, 박찬국 옮김, 『우상의 황혼』, 파주: 아카넷, 2015, 50~53쪽 참조)

115 『에쁘롱』, 98쪽

과 여성이 자리를 바꾸"며 "성적 대립의 모든 기호들을 변화"시키는 것이다. 또한 여성의 "~를 위하여 몸을 내맡김"은 지배와 예속, 소유함과 소유됨의 일방적인 관계가 불가능함을 보여준다. 여성은 예속당하면서 지배하고 소유되면서 소유한다. 이것은 여성에 의해 지배와 예속, 소유의 본질이 사라짐을 의미한다. 이런 의미에서,

"더 이상 '고유한 것·점유·수용·지배·예속 등이 무엇인가'라는 생각을 할 수 없다."[116]

따라서 여성은 역설적 propriation의 과정, 즉 하나의 방향으로 결정될 수 없는 과정을 진행시킴으로써 존재의 진리에 대한 질문보다 더 심층적이며 존재의 진리의 역사를 구성하는 질문으로서 "고유한 것 · 점유 · 수용 · 지배 · 예속" 등에 대한 질문을 불가능하게 하고, 따라서 존재의 진리 자체를 비결정성의 유희, 즉 차연의 유희에 빠져들게 만든다. 이것은 존재가 진리를 소유하는지 여부가 불확실하다는 것을 의미한다. 말하자면 하이데거의 확신은 불확실한 것으로 판명된다.

또한 데리다는 『마르크스의 유령들』의 매우 중요한 페이지들에서 '고유성'을 옹호하는 하이데거를 비판한다. 데리다는 햄릿의 "The time is out of joint"를 시간 자체의 몰시간성 또는 〈시간 자체의

116　『에쁘롱』, 99쪽

자기 자신과의 차이 또는 비동일성〉을 나타내는 문구라고 보고 있으며 오히려 이와 같은 순수차이 때문에 혁명과 같은 진정한 의미에서의 사건이 가능해진다고 말한다. 그런데 하이데거는 이러한 어긋남을 "연결, 이음매, 들어맞음, 일치하는 접합 내지는 조화로운 접합"의 일탈로 보고 있다. 그리고 하이데거에 있어서 이러한 "들어맞음"은 '정의의 여신' 디케를 의미한다.

> "우리가 디케를 현존으로써의 존재에서부터 사고하는 한에서 디케는, 말하자면 이음과 일치를 조화롭게 접합시킨다. 반대로 아디키아[Adikia]는 어긋나고 빠져나가고 뒤틀리고 제자리에서 벗어난 것이면서 동시에 부당한 잘못이고 심지어 어리석은 것이다."[117]

하이데거는 정의를 시장과 교환의 질서를 넘어서 생각하지만, 즉 이러한 시장과 교환의 질서를 넘어서 보충적으로 무엇인가를 증여하는 것이 정의라고 말하지만, 이러한 보충적 증여는 "타자에게 고유하게 속하는 것을 타자에게 허락"[118]하는 것이다. 이러한 타자에 고유하게 속하는 것은 타자의 고유한 "이음매"로써 자기 동일성이다. 즉 타자의 고유성인 것이다.

---

117 자크 데리다, 진태원 옮김, 『마르크스의 유령들』, 서울: 그린비, 2014, 62쪽
118 『마르크스의 유령들』, 68쪽

"보충적으로, 시장을 넘어, 흥정, 감사 표시, 교역, 상품을 넘어 하나가 타자에게 주는 것은, 타자에게, 그에게 고유한 자신과의 이러한 일치를 허락해주는 것이며, 그에게 현전을 주는 것이다."[119]

그런데 이러한 타자의 고유함은 "같음으로 전유"될 수 있다. 예를 들어 유니세프 광고 속에 나오는 불쌍한 표정을 짓는 선한 아이들처럼 말이다. 이러한 '선함'과 '불쌍함'이라는 미리 우리가 부여한 특성이 아니라, 특성으로 환원되지 않는 타자의 특이성 그리고 "타자의 절대적인 선행성"을 긍정하는 것과 타자에 대한 절대적인 환대와 증여가 정의를 가능케 한다.

물론 이러한 정의의 가능 조건으로써 '시간의 어긋남'은 또한 악을 가능하게 하지만, "이러한 가능성의 개방 없이는 … 최악의 필연성만이 남게 될 것"[120]이라고 데리다는 말한다. 이러한 절대적 개방은(정주적인) 분배적 정의를 불가능하게 한다. 데리다는 다음과 같이 쓰고 있다.

"이는 계산 가능한 분배적 정의를 위한 것이 아니다. 이는 법, 분배의 계산, 복수 또는 징벌의 경제를 위한 것이 아니

---

119 『마르크스의 유령들』, 68~69쪽
120 『마르크스의 유령들』, 72쪽

다."[121]

그리고 데리다는 "새로운 인터내셔널"로서의 "코뮤니즘"을 당, 국민, 국가, 소유/고유성 없이 만들어지는 동맹에서 찾는다. 즉 앞에서 랑시에르가 말한 '특성 없는 공동체'와 같은 것에서 찾는다. 데리다는 다음과 같이 쓰고 있다.

> "우리에게 요구되는 것 … 은 우리 스스로 장래에 도달하는 것이며, 함께 어울릴 수 없는 것이, 개념 없이, 규정의 확실성 없이, 지식 없이, 연접이나 이접의 종합적인 접합이 없이 또는 그 이전에 이러한 독특한 연결하기에 도달하는 그곳에 위치한 이러한 우리에 우리 스스로 도달하는 것이다."[122]

121 『마르크스의 유령들』, 59쪽
122 『마르크스의 유령들』, 74쪽

03

Property를 넘어선
코뮤니즘

    아감벤의 철학은 데리다가 말하는 '소유', '고유성', '특성'으로서
의 property를 넘어선 코뮤니즘을 잘 보여주고 있다. 아감벤은 『도
래하는 공동체』에서 임의적인 것으로써의 특이성은 어떤 공통 특성
(common property)으로도 환원될 수 없고, 어떠한 집합이나 집단에도
소속되지 않은 것이라고 말하고 있으며, 이와 같은 임의적 특이성
이 진정한 의미에서의 코뮤니즘, 혹은 '도래하는 공동체'의 기초라
고 말하고 있다. 뿐만 아니라 이 임의적인 존재로서 quodlibet ens
는 중립적인 존재가 아니라 "사랑스러운 존재"로서 "어떤 것이든
공히 마음에 드는 존재"[123]를 의미한다고 아감벤은 말한다. 아감벤

---

123   조르조 아감벤, 이경진 옮김, 『도래하는 공동체』, 서울: 꾸리에북스, 2014, 9쪽

은 우리가 무엇인가를 사랑하는 것은 그것의 특성(property) 때문이 아니라 "그 존재가 존재하는 대로 그렇게 존재함을 원"하기 때문, 즉 그 존재의 특이성 때문이라고 말하고 있다.[124] 이런 의미에서 어떤 한 존재를 특이성으로 인식하는 것은 그것을 사랑하는 것과 동근원적이다.

또한 이로부터 우리가 알 수 있는 것은 실질적인 술어가 아닌 "그렇게 존재함"이 어떤 집합이나 집단에 귀속되지 않는 특이성을 구성한다는 점이다. 또한 특이성은 '범례', 즉 '패러다임(paradigm)'에 의해서 구성되기도 한다. 이러한 범례는 "모든 경우를 대표하면서도 동시에 이 경우들 가운데 하나라는 특징"[125]을 가지고 있으며, 따라서 특수하지도 일반적이지도 않다. 즉 범례로서 패러다임은 하나의 특이성을 구성한다. 또한 아감벤은 para-deigma가 "곁에서 스스로 보여주는 것"[126]이라고 말하고 있다. 이것이 의미하는 바는 범례의 고유한 자리는 항상 자신의 곁자리라는 것, 즉 범례의 고유한 자리는 존재하지 않는다는 것이다. 이것은 범례가 아무런 특성(property)를 갖지 않으며 단지 "불린다"라는 텅 빈 property만을 갖는다는 것을 의미한다. 이와 같은 '불린다'는 텅 빈 property는 "이탈리아인으로 불린다는 것, 개라 불린다는 것, 공산주의자라 불린

---

124 『도래하는 공동체』, 11쪽

125 『도래하는 공동체』, 20쪽

126 『도래하는 공동체』, 20쪽

다는 것"[127]과 같은 모든 실정적 property를 가능하게 하지만 동시에 그것을 파괴할 수 있는 역량을 가졌다.

> "모든 가능한 귀속을 확립하는 특성(property) ⋯ 인 불린다는
> 것은, 모든 것을 급진적으로 의문에 부치며 철회할 수 있는 것
> 이기도 하다."[128]

이런 의미에서 모든 현실적인 집합을 제한하는 property는 가장 공통적인 것으로써 "불린다는 property"이다. 불린다는 공허한 property가 가장 공통적이라는 것은 임의적인 특이성들이 "보편타당성"을 가진다는 것을 의미한다. 이렇게 이 특이성들은 어떠한 실정적인 공통 특성을 갖지 않은 채 범례가 개시하는 "그 텅 빈 공간 속에서"[129] 소통할 수 있다. 이와 같은 특이성의 소통은 비본질적인 것의 공통성을 의미한다.

아감벤은 스피노자를 이와 같은 방식으로 이해한다. 스피노자는 연장성이라는 속성(attribute)의 공통성이 모든 개별적 사물을 가로지른다고 말하고 있지만 동시에, 이러한 속성이 양태의 본질을 표현하지 않고 실체의 본질을 표현하기 때문에 "공통적인 것은 결코 개

---

127 『도래하는 공동체』, 21쪽
128 『도래하는 공동체』, 21쪽
129 『도래하는 공동체』, 22쪽

별 사물의 본질을 구성할 수 없다."[130] 이런 의미에서 특이성들의 소통은 공통 본질 속에서 특이성들을 환원하는 것이 아니라 "실존 속에서 분산시킨다."[131]

특히 아감벤은 모든 계급적 정체성의 종말 이후에 남아있는, "모든 사회 계급이 용해되어 있는"[132] 비-계급으로써의 행성적 소시민 계급에 희망을 걸고 있다. 물론 소시민 계급은 파시즘과 나치즘에 이용당한 역사가 있지만, 오늘날의 허무주의를 거친 행성적 소시민 계급은 랑시에르가 말한 프롤레타리아, 즉 어떠한 사회적 정체성도 가지고 있지 않은 단일한 계급이라고 볼 수 있다. 이 소시민 계급은 모든 특성의 차이에 무차별적이다. 즉 언어적 차이, 생활방식의 차이, 관습상의 차이, 신체적 특징의 차이 등은 행성적 소시민 계급에게는 무의미하다. 이렇게 특성의 차이에 무차별한 것이야말로 임의적 특이성이라고 아감벤은 말한다. "어떤 사물이 임의적이라 함은 그것이 자신의 모든 특성들을 전부 갖지만 그 특성들 중 어느 것도 차이를 구성하지 않는 것을 말한다."[133] 특성들이 차이를 구성하지 않는다는 것은 이 사물이 특성의 차이, 즉 공통성과 고유성의 차이, 본질적인 것과 우연한 것의 차이 등에 무차별하다는 것을 의미한다. 즉 "공통성과 고유성, 종과 개체는 임의성의 산마루에서 떨어

---

130 「도래하는 공동체」, 33쪽

131 「도래하는 공동체」, 33쪽

132 「도래하는 공동체」, 89쪽

133 「도래하는 공동체」, 34쪽

지는 양 비탈일 뿐이다."[134]

　이런 의미에서 모든 특성의 차이에 무관심한 행성적 소시민 계급의 유일한 특성은 특성–없음이고 그들은 "비고유한 것과 비진정한 것만을 알고 있다."[135] 심지어 이 행성적 소시민 계급에게는 '벌거벗은 삶'조차도 비고유한 것이 된다. 이것은 행성적 소시민이 이 행성에서 귀속되는 것이 없게 되는 현상을 창출한다. 그런데 아감벤은 이 행성적 소시민들에게 "인류 역사상 전대미문의 기회"[136]가 존재한다고 말한다. 왜냐하면 이 행성적 소시민들에게는 정체성이나 고유성이 존재하지 않으므로 이 정체성과 고유성으로부터 벗어난 "정체성 없는 특이성"을 구성하는 데에 유리하기 때문이다. 그리고 행성적 소시민 계급은 범례와 같이 특이성들의 소통을 만들어낸다. 아감벤은 다음과 같이 쓰고 있다.

　　"만일 인간들이 … 유일한 그 이렇게로 존재하며, 자신들의
　　특이한 외부성과 자신들의 얼굴로 존재할 수 있다면, 인류는
　　최초로 주체도 전제도 없는 공동체에 들어서게 되며, 소통될
　　수 없는 것이라곤 아무것도 없는 어떤 소통으로 들어서게 될
　　것이다."[137]

---

134 「도래하는 공동체」, 35쪽
135 「도래하는 공동체」, 90쪽
136 「도래하는 공동체」, 92쪽
137 「도래하는 공동체」, 92쪽

이러한 공동체가 바로 아감벤이 말하는 '도래하는 공동체'인 것이다. 이 도래하는 공동체는 그럼에도 불구하고 블랑쇼가 제시한 "조건들의 한갓 부재"[138]에 의해 규정되는 공동체는 아니다. 왜냐하면 앞에서 설명한 대로 특이성은 "그렇게 존재함"이라는 공허한 특성이라도 가지기 때문이다. 이러한 "그렇게 존재함"은 말하자면 "귀속 없는 순수 귀속성"이고 도래하는 공동체는 이 순수 귀속성에 의해 매개되는 공동체이다. 이러한 임의적 특이성들의 공동체는 정체성이나 고유성이 존재하지 않기 때문에 재현/대표되지 않는다. 그리고 국가의 가장 시급한 과제는 이 특이성을 어떤 정체성 안에 쑤셔 넣는 것이다. 이런 의미에서 국가와 '도래하는 공동체' 사이에 환원할 수 없는 적대가 존재한다. 아감벤은 다음과 같이 쓴다.

> "귀속성 자체, 자신의 언어 속 존재 자체를 전유하기 위해 모든 정체성과 모든 귀속의 조건을 거부하는 임의적 특이성은 국가의 주적이 된다. 이러한 특이성들이 자신의 공통적 존재를 평화롭게 시위하는 곳 어디에나 텐안먼은 발생할 것이며 머지않아 탱크는 등장할 것이다."[139]

---

138 「도래하는 공동체」, 117쪽
139 「도래하는 공동체」, 120쪽

04

결론: 내부성을 넘어서, 헤겔주의를 넘어서

그런데 이러한 데리다와 아감벤의 이론은 너무나 헤겔 냄새가 난다. 이들의 코뮤니즘은 〈어떠한 실정적 특성도 아닌 특성〉에 기초를 두고 있다는 점에서 헤겔주의적이다. 또한 이들의 이론은 '내적 본성'과 같은 것을 비워내지만, 아쉽게도 존재자의 내면성에 머무른다. 그렇기에 이들은 특이성을 순수한 긍정으로써, 그리고 '외부'와의 마주침을 통해서만 그 특성을 부여받는 '절대적 외부성'이자 '차이 자체'로써 파악하지 못했다. 특이성이 '절대적 외부성'이자 '차이 자체'인 것은 바둑에서 바둑알이 내적 특성을 가지지 않고 "외부성의 환경"을 통해서만 기능하는 것에서 명징하게 이해될 수 있다.

"바둑알은 외부성의 환경만을, 즉 일종의 성운이나 성좌를

가진 외부적인 관계만을 구성하며, 이들 관계들에 따라 집을
짓거나 포위하고 깨어버리는 등 투입 또는 배치의 기능을 수행
한다."[140]

더 나아가 들뢰즈와 가타리는 유목적 전쟁기계가 내부화되지 않
는 '외부성의 형식'이라고 말한다. 혹자는 군대에서 내면을 장악하
는 규율이 강력함을 말하지만, 들뢰즈와 가타리는 전쟁기계는 국가
에 의해 포획된 군대가 아니며, "군대를 전유하고 나서야 국가는 군
대에 엄격한 규율을 요구"[141]한다고 말한다. 따라서 규율은 전쟁기
계의 고유한 특성이 아니다.

반면 들뢰즈와 가타리는 헤겔을 대표적인 내부성의 철학자라고
말한다. 왜냐하면 헤겔은 일종의 국가철학자로서 "이성과 국가 간
의 기묘한 교환"을 성립시키기 때문이다. 들뢰즈는 헤겔을 다음과
같이 비판한다.

"국가는 사유에 내부성의 형식을 부여하고 다시 사유는 이
내부성에 보편성의 형식을 부여한다."[142]

다시 들뢰즈와 가타리는 내부성의 형식을 홈패인 공간에, 외부성

140　질 들뢰즈, 펠릭스 가타리, 『천개의 고원』, 서울: 새물결 출판사, 2003, 674쪽

141　『천개의 고원』, 686쪽

142　『천개의 고원』, 720쪽

의 형식을 매끄러운 공간에 대응시킨다. 그리고 이러한 홈패인 공간은 정주적 분배가 지배하는 공간이고 매끄러운 공간은 유목적 분배가 지배하는 공간이다. 즉 외부성의 형식은 닫힌 공간을 분할하여 "직선적 또는 고체적 사물들에 배분"하지 않고, 흐름으로서의 사물들이 하나의 열린 공간 안에서 유목적으로 분배되는 것이다.[143] 앞에서 왜 유목적 분배가 '코뮤니즘'인지는 밝혔다. 이런 의미에서 특이성을 순수 긍정 속에서, 그리고 외부성으로서 파악하는 사유는 헤겔적이고 내면적인 철학을 넘어서는 동시에, 사유에 있어서의 코뮤니즘이라고 볼 수 있다.

---

143 「천개의 고원」, 692쪽

▌ 참고문헌 ▌

- 미셸 세르, 김웅권 옮김, 『기식자』, 서울: 동문선, 2002
- 박찬국, 『하이데거의 『존재와 시간』 읽기』, 서울: 세창미디어, 2013
- 자크 데리다, 진태원 옮김, 『마르크스의 유령들』, 서울: 그린비, 2014
- 자크 데리다, 김다은 · 황순희 옮김, 『에쁘롱』, 서울: 동문선, 1998
- 자크 데리다, 박찬국 옮김, 『정신에 대해서』, 서울: 동문선, 2005
- 조르조 아감벤, 이경진 옮김, 『도래하는 공동체』, 서울: 꾸리에북스, 2014
- 질 들뢰즈, 펠릭스 가타리, 『천개의 고원』, 서울: 새물결 출판사, 2003
- 프리드리히 니체, 박찬국 옮김, 『우상의 황혼』, 파주: 아카넷, 2015
- 프리드리히 니체, 안성찬 · 홍사현 옮김, 『즐거운 학문/메시나에서의 전원시/유고(1881년 봄~1882년 여름)』, 서울: 책세상, 2015

III

스피노자와 코뮤니즘

01

공통적인 것과
내재성의 평면

◆

들뢰즈에 의하면 스피노자에게 있어서 존재 형상, 즉 존재의 언명으로서의 '속성'이 실체와 모든 양태를 가로질러 공통적이며, 이러한 공통성을 통해 "존재의 일의성"이 성립된다고 말한다. "존재 자체는 실체와 양태들을 통해 똑같은 의미에서 언명된다."[144] 이와 같은 의미에서 속성의 일의성과 존재의 일의성은 같은 것이다. 그리고 이러한 속성에 의해 비로소 일의적인 존재는 긍정적이고 표현적인 것이 된다. 들뢰즈는 다음과 같이 쓰고 있다.

"그는 일의적 존재를 … 순수한 긍정의 대상으로 만든다. …

144　『차이와 반복』, 111쪽

일의적 존재는 표현적이고 긍정적인 진정한 명제가 된다."[145]

들뢰즈의 『스피노자와 표현 문제』에서 가장 중요하게 다루어지고 있는 것은 '속성'과 '공통 개념'인데, 하나의 '속성'은 실체와 양태들을 가로질러 공통적이라는 점에서 하나의 〈공통 개념〉이다. 스피노자에 의하면 이러한 '속성'은 실체의 본질을 표현하지만 양태의 본질이 될 수 없는데, 왜냐하면 스피노자에게 있어서, 어떤 사물의 본질은 다음과 같이 규정되기 때문이다.

> "… 그것이 주어지면 그 사물이 정립되고, 그것이 제거되면 그 사물도 없어지는 것, 즉 그것 없이는 그 사물이 존재할 수도 생각될 수도 없으며, 반대로 그 사물 없이는 그것이 존재할 수도 생각될 수도 없는 그러한 것."[146]

속성은 양태 없이도 존재할 수 있고 생각될 수 있다. 따라서 속성은 양태의 본질이 될 수 없다. 이와 같이 속성은 양태의 본질과 구별되지만 이러한 양태들의 본질을 "형상적으로 포함"[147]한다.

또한 들뢰즈에 의하면 스피노자에 있어서 속성은 실체에 '귀속되는 것'이 아니라 실체에 본질을 '귀속시키는 것'이라고 말한다. 즉

---

145 『차이와 반복』, 111~112쪽

146 바루흐 스피노자, 황태연 옮김, 『에티카』, 도서출판 피앤비, 2011, 111쪽

147 질 들뢰즈, 현용종·권순모 옮김, 『스피노자와 표현 문제』, 서울: 그린비, 2019, 48쪽

속성은 종, 실체는 유라는 식의 아리스토텔레스적 접근법이 통하지 않는다는 것이다. 이런 의미에서 속성은 역동적이며 하나의 '동사'이다. 말하자면 '동사'로서의 속성에 의해 본질이 실체에 귀속되는 것이고, 이런 의미에서 "속성은 실체의 본질을 구성"[148]한다. 하지만 속성은 양태의 본질을 구성하지 않는다.[149]

이러한 실체와 양태들의 공통성으로서의 속성은 개체적 양태의 본질을 넘어서 있는 '공통적인 것'이 존재함을 보여준다. 더 나아가 들뢰즈는 스피노자에게 방법이 있다면(물론 스피노자는 데카르트의 '방법'을 비판하지만) 그것은 "공통성의 방법"[150]이라고 말한다. 왜냐하면 『에티카』에서 개진된 스피노자의 형이상학과 인식론은 〈공통 개념〉을 통해서만 이해될 수 있기 때문이다.[151] 들뢰즈는 이러한 〈공통 개념〉의 발생을 경험에서 출발해서 다룬다. 즉 〈공통 개념〉은 신체와 신체 사이의 어떤 마주침으로부터 형성되는 것이다. 이 마주침이 '기쁜 만남'일 때, 즉 두 신체가 적합할 때, 즉 "신체들 사이의 관계들의 결합"[152]이 성립할 때 그 결합의 통일성을 나타내는 관념이 바로 〈공통 개념〉이라는 것이다. 스피노자에 의하면 이러한 〈공통 개념〉은 적합한 관념이고 이 〈공통 개념〉에 의한 인식은 필연적 진리이

---

148 『스피노자와 표현 문제』, 47쪽

149 『스피노자와 표현 문제』, 47쪽

150 『스피노자와 표현 문제』, 49쪽

151 들뢰즈는 다음과 같이 쓰고 있다.
"『에티카』는 새롭게 이끌어낸 공통 개념에 기초하고 있다."(질 들뢰즈, 박기순 옮김, 『스피노자의 철학』, 서울: 민음사, 2017, 173쪽)

152 『스피노자의 철학』, 172쪽

다. 이러한 인식을 스피노자는 2종의 인식이라 부른다.

스피노자에 의하면 아예 인식의 범주에 들어오지 못하는 감각을 통한, "닥치는 대로의 경험에 의한"[153] 앎이 있다. 스피노자의 1종의 인식은 '기호'에 의한 인식이고 2종의 인식은 '공통 개념'에 의한 인식이며 3종의 인식은 직관적 인식으로써 "신의 속성들의 형상적 본질"[154]에 대한 적합한 인식으로부터 양태의 형상적 본질에 대한 적합한 인식으로 나아가는 것을 의미한다. 스피노자는 1종의 인식이 유일한 오류의 원인이지만 2종과 3종의 인식은 필연적으로 참이라고 말한다.

오류의 원천이자 기호에 의한 인식으로써의 1종의 인식은 우리가 앞에서 다루어 왔던 특성, 즉 property에 의한 인식이다. 그리고 이러한 '특성'과 '속성(attribute)'은 대비된다. 속성이 실체와 양태들에 공통적이라면 특성은 신만이 가진 고유성이다. 많은 사람들이 이 '특성'과 '속성'을 혼동했지만 스피노자는 명확하게 속성이 신의 본질을 표현하는 반면에 특성은 아무것도 표현하지 못한다고 말한다. 그것은 본질을 형성하는 것이 아니라 '본질의 양상'에 불과하다. 스피노자는 이렇게 '특성'과 '속성'의 위계를 뒤집는다. 보통 사람이라면 신만이 가진 고유성으로서 '특성'을 상위에 두겠지만 스피노자는 신이 양태들과 공유하는 '속성'을 상위에 둔다. 또한 앞에서 보았듯이 속성은 역동적으로 신의 본질을 구성한다. 이로부터 우리는 실

153　『스피노자의 철학』, 140쪽

154　『스피노자의 철학』, 140쪽

체와 양태가 속성에 의해 구성됨을 알 수 있다.

그리고 스피노자에 의하면 각각의 속성들은 '서로' 평행하다. 스피노자는 다음과 같이 쓰고 있다.

> "우리가 자연을 연장의 속성 아래에서 생각하든, 혹은 사유의 속성 아래에서 생각하든, 또는 다른 어떤 속성 아래에서 생각하든, 우리는 동일한 질서, 또는 원인들의 동일한 연결을, 다시 말해서 동일한 사물들이 서로 잇달아 일어나는 것을 발견할 것이다."[155]

이런 의미에서 속성의 일의성과 속성들의 평행성(동등성)은 그것에 의해 실체와 양태가 발생하는 속성들의 평면을 구성하며 이러한 속성들의 평면을 후기 들뢰즈는 '내재성의 평면'이라고 부를 것이다. 우리의 용어대로 하면 '선험적인 장'이다. 들뢰즈는 다음과 같이 쓰고 있다.

> "선험적인 장은 그 어떤 내재성의 순수 평면으로 정의되게 될 것이다. … 스피노자에게 있어서 내재성은 실체에 대하여 있는 것이 아니다. 오히려 실체와 양태들이 내재성 속에 있는 것이다."[156]

---

155 『에티카』, 107쪽

156 질 들뢰즈, 박정태 옮김, 『들뢰즈가 만든 철학사』, 서울: 이학사, 2007, 511쪽

이와 같은 내재성의 평면은 어떠한 주체 안에도 어떠한 대상 안에도 있지 않으며 그 자체에 내재한다. 이러한 내재성의 평면으로써의 선험적인 장은 속성이 일종의 '동사'로서의 '순수사건'을 나타내기 때문에 역시 순수사건들의 장, 전 개체적이고 비인칭적인 특이성들의 장이라고 볼 수 있다. 그리고 이러한 특이성들은 우발점으로써 "하나의 생명"에 의해 소통한다. 이 "하나의 생명"은 특별한 시간성을 갖는다. 즉 이 시간성은 아이온의 시간성인 것이다. 들뢰즈는 다음과 같이 쓴다.

> "… 이 생명은 도래하지도 않고, 일어나지도 않는다. 차라리 그것은 여전히 도래할 사건이면서 또한 이미 일어난 사건인 그런 [순수]사건을 우리가 보게 되는 곳, 즉 공허한 거대 시간을 직접적인 의식의 절대 속에서 우리에게 제시한다."[157]

이러한 의미에서 우발점으로써의 "하나의 생명"이 나타내는 존재의 일의성은 〈내재성의 평면〉과 깊은 관련이 있고, 앞에서 이러한 존재의 일의성이 유목적인 분배와 깊은 관련이 있다는 것을 보였다. 또한 스피노자의 『에티카』에서의 작업은 〈공통 개념〉에 의해 작동한다. 이런 의미에서 스피노자는 진정한 의미의 최초의 코뮤니즘 형이상학을 구축한 사람이다.

---

[157] 『들뢰즈가 만든 철학사』, 514~515쪽

02

이데올로기와
과학

◆

반면 스피노자의 '공통성'의 방법에 의해 포착할 수 없는 신의 고유성으로서 '특성'은 1종의 인식에서 드러난다. 이러한 1종의 인식은 '기호'에 의한 신으로부터의 계시로 나타나며 지성이 박약하지만 상상력이 풍부한 사람에게 나타난다.

신은 아담에게 사과를 먹을 것을 금지하지 않았고 다만 그 사과가 아담의 건강에 해가 된다고 말했을 뿐인데, 아담은 그것을 신의 금지 명령으로 받아들이고 사과를 먹고 배탈이 나자 그것을 신의 처벌이라고 상상한다. 이것은 아담이 무지하기 때문이다.

"… 사물의 구성 관계를 파악할 능력이 없는 아담은 이 자연 법칙을 그에게 과일 먹는 것을 금지하는 도덕 법칙으로 상상하

고, 신을 자기가 그것을 먹었기 때문에 자기를 벌하는 주권자
로 상상한다."[158]

이것은 신의 말씀을 '기호'로 받아들이기 때문으로, 신의 말씀을
표현적 말씀으로 받아들이지 못하기 때문이다. 이처럼 스피노자는
'기호'와 '표현'을 대립시킨다. 표현은 속성과 관련된다면 '기호'는
명령이나 복종과 관계된다. 표현적 말씀은 상상계를 거치지 않은,
신의 본질의 직접적 표현으로서 속성에 대한 인식이라면 '기호'로서
의 말씀은 상상 속에서의 도덕적인 명령이다. 이런 의미에서 '기호'
로서의 말씀은 사실상 '지배 이데올로기'이다. 들뢰즈는 다음과 같
이 쓰고 있다.

> "그들에게 신은 경고들, 계명들, 규칙들 혹은 삶의 모델이 되
> 는 외생적 명칭들로 스스로를 드러낸다. … 그것은 신적 표현
> 들이 아니라, 우리를 복종시키기 위해서, 우리가 그 본성을 알
> 지 못하는 신을 섬기게 하기 위해서 우리의 상상력에 새겨진
> 개념들이다."[159]

이러한 스피노자적 통찰을 이어받은 것이 바로 알튀세르이다. 알
튀세르에 의하면 노동력의 재생산은 기술적 재생산뿐만 아니라 기

---

158 「스피노자와 표현 문제」, 61쪽
159 「스피노자와 표현 문제」, 53쪽

기호와 현대철학

존 질서의 규칙에 대한 "노동력의 복종심 재생산"[160]도 필요로 한다. 게다가 이러한 "이데올로기의 '실천' 재생산"[161]도 필요로 한다.

이런 의미에서 알튀세르는 토대─상부구조라는 메타포를 변형해야 한다고 말한다. 또한 고전적 마르크스주의와 달리 국가가 단순히 억압적인 무력만을 사용하는 것이 아니라고 알튀세르는 말한다. 물론 그렇다고 해서 후기 자본주의 사회에서 억압적인 국가기구가 존재하지 않는다는 말은 아니다.

그렇지만 알튀세르는 이러한 억압만으로 사회구성체의 재생산은 불가능하며 "이데올로기적 국가기구"가 필요하다고 말한다. 노동력의 재생산뿐만 아니라 생산관계의 재생산도 "한편으론(억압적) 국가기구, 다른 한편으론 이데올로기적 국가기구"[162]가 필요하다고 알튀세르는 말한다. 이렇게 구체적인 이데올로기적 국가기구가 필요한 이유는 이데올로기가 추상적이거나 '관념적'이지 않고 실천적이고 구체적이며 물질적이기 때문이다. 알튀세르는 다음과 같이 쓰고 있다.

> "주체의 관념은 구체적 의례가 지배하는 구체적 실행 속에 자리한 구체적 행동이며, 구체적 의례 자체는 구체적인 이데올로기 기구에 의해 규정되고, 그 구체적인 이데올로기 기구로부

160   루이 알튀세르, 이진수 옮김, 『레닌과 철학』, 서울: 백의, 1991, 140쪽
161   『레닌과 철학』, 141쪽
162   『레닌과 철학』, 154쪽

터 그 주체의 관념이 유래하기 때문이다."[163]

　예를 들어 신을 믿게 되는 것은 어떤 실존적이고 주체적이고 고독한 결단에 의해서가 아니다. 오히려 무릎 꿇고 입을 열어 기도하는 일상적인 실천 속에서 믿음이 형성된다. 지배 이데올로기의 언어들은 수행적이며 실천 속에서 명령하고 복종을 요구한다. 이런 의미에서 알튀세르의 이데올로기론은 스피노자의 '기호론'으로부터 온 것이다. 이뿐만 아니라 알튀세르의 이데올로기론에서 대문자 주체는 소문자 주체에게 하나의 '기호'를 부여하는데 이것이 그 유명한 '호명'인 것이다.

　이러한 호명에 의해 개인은 구체적인 주체가 된다. 호명은 "가장 기본적인 일상적 삶의 실제 의례" 속에서 기능하여 "고유한 나"라는 환상을 만들어낸다. 알튀세르는 다음과 같이 쓰고 있다.

> "당신과 나는 언제나 그리고 이미 주체이며, 바로 그 주체로서 관념적 인지의 의례를 끊임없이 실행하고 있다는 것과 우리에게 이 의례들은 우리가 진짜 구체적이고 개별적이며 독특한 ⋯ 그 무엇으로도 대체할 수 없는 주체임을 보증하고 있다는 것이다."[164]

163　『레닌과 철학』, 173쪽
164　『레닌과 철학』, 177쪽

말하자면 고유명으로부터 비롯되는 '나의 고유성'은 환상이라는 것이다. 그런데 이러한 환상을 깨기는 어렵다. 왜냐하면 루크 페레터의 말대로, "이데올로기는 우리가 태어나 자라고 또 살고 있는, 항상 우리 주변에 상주하는 담론, 이미지 그리고 관념들의 흐름"[165]을 포함하고 있기 때문이다. 또한 이데올로기가 구체적이고 실천적이라는 말은 이데올로기가 신체의 문제와 분리될 수 없음을 말하는 것이다. 말하자면 이데올로기는 신체에 새겨진 지배질서의 흔적 혹은 이미지이다. 알튀세르에게 이데올로기가 상상적(imaginary)이라면 그것은 이데올로기가 추상적이라는 말이 아니라 오히려 구체적인 이미지를 통해, 신체를 경유하여 작동한다는 것을 의미한다.

이러한 이데올로기론은 역시 스피노자를 상기시킨다. 스피노자에 의하면 신체라는 제약에 의해 "인간의 정신은 자기 신체의 변용의 관념을 통해서만 외부의 물체를 현실적으로 존재하는 것으로서 지각"[166]하지만, 이 신체의 변용의 관념은 "외부 물체에 대한 적합한 인식을 포함하고 있지 않다."[167] 외부의 물체에 대한 이러한 '오인'은 이러한 변용의 관념이 외부 물체의 본성과 인간 신체의 본성을 동시에 포함하고 있기 때문이다. 그렇기에 우리가 신체적인 존재인 한 '오인', 즉 '이데올로기적 왜곡'은 존재한다. 그럼에도 불구하고 스피노자는 우리가 이러한 '오인'을 뚫고 제대로 된 '인식'을 할

---

165 루크 페레터, 심세광 옮김, 『루이 알튀세르의 이데올로기』, 서울: 도서출판 앨피, 2014, 146쪽
166 『에티카』, 129쪽
167 『에티카』, 129쪽

수 있다고 말한다.

우리가 태양이 불과 200피트 정도 떨어져 있다고 상상하는 것은 태양과의 실제의 거리뿐만 아니라 이러한 상상의 원인을 모르기 때문이다. 물론 이러한 상상은 태양이 나의 신체에 남긴 흔적으로서 이미지 때문에 발생한다. 스피노자는 태양과의 실제 거리를 알게 된다고 할지라도 신체라는 조건 때문에 그것을 200피트 정도 떨어져 있다고 상상할 것이라고 말한다. 이런 의미에서,

"우리가 태양을 그처럼 가깝게 있는 것으로 상상하는 것은, 우리가 태양의 정확한 거리를 모르기 때문이 아니라, 우리의 신체의 변용은 신체 자체가 태양으로부터 자극받아 변화되는 한에 있어서 태양의 본질을 포함하기 때문이다."[168]

이와 같은 의미에서 알튀세르에게 있어 이데올로기는 1종의 인식에, 과학은 2종과 3종의 인식에 속한다.

---

168 「에티카」, 135쪽

03

공통 개념에
대하여

◆

　스피노자는 공통 개념을 통해 보편 개념을 넘어선다. 스피노자에 의하면 보편 개념은 '혼란스러운 관념'으로써, 개별 인간의 신체 안에 형성되는 이미지의 수가 "표상하는 능력"을 초과하기 때문에 발생한 것이다. 인간, 말, 동물과 같은 보편 개념은 이와 같은 의미에서 인간의 무능력을 보여주며, 참된 관념이 아니다. 이렇게 보편자가 실재하지 않는다고 주장한다는 점에서 스피노자는 유명론자이다. 진태원은 그의 스피노자에 대한 책에서 다음과 같이 쓰고 있다.

　　"스피노자는 유명론적인 철학자인 것입니다. 따라서 스피노자가 '인간', '말', '동물' 등과 같은 보편 개념들을 참된 개념으로 간주할 리가 없습니다. 그에게 이런 보편 개념들은 … 혼란스

럽고 부적합한 관념들에 불과합니다."[169]

이와 같은 보편 개념의 비실재성은 곧 유(類)와 종(種)의 실재성을 부정하는 것으로 이어진다. 따라서 모든 존재자들은 아리스토텔레스적인 의미에서 "최근류의 종차"에 의해서 정의되지 않고 오히려 변용능력에 의해 정의된다.

들뢰즈에 의하면 공통 개념은 "우리의 변용능력을 표현"[170]하는 반면에 보편 개념은 우리의 변용능력의 한계를 나타낸다. 보편 개념은 이와 같이 변용능력의 한계를 넘어서 있기에 인간의 이해력보다는 상상에 의존한다. 반면 공통 개념은 관계들의 결합에 대한 이해를 표시한다. 보편 개념은 상상에 강한 인상을 남기는 특징으로서의 "외적인 기호나 가변적인 감각적 성격만을 간직한다."[171] 예를 들어 많은 사람들은 '인간'을 직립보행을 하는 동물이나 웃고 말하는 동물 등 다양한 이미지들을 통해 정의해왔다. 이와 같은 의미에서 '인간'의 개념은 사람마다 달라지며, 관점에 따라서 달라진다. 스피노자는 다음과 같이 쓰고 있다.

"이 개념들은 모든 사람에 의해 똑같은 방식으로 형성되지는 않으며, 신체가 보다 빈번히 자극받아 변화된 것에 따라서,

---

169 진태원, 『스피노자 윤리학 수업』, 서울: 그린비, 2022, 160쪽~161쪽

170 『스피노자의 철학』, 70쪽

171 『스피노자의 철학』, 70쪽

또한 정신이 보다 쉽게 표상하거나 상기하는 것에 따라서 서로 달라진다는 것을 주의해야 한다. 예를 들어 매우 빈번하게 인간의 자태를 경탄하면서 관찰한 사람은 인간이라는 말을 직립한 자세의 동물로 이해한다. 그에 반해서 다른 관점에서 관찰하는 데 습관인 사람들은 인간에 대하여 다른 공통적 심상을 형성할 것이다."[172]

반면 공통 개념은 하나의 물체를 구성하는 부분들 사이의 관계의 체계로써 이른바 물체의 '구조'를 파악할 수 있게 한다. 왜냐하면 공통 개념이 각각의 부분들 사이의 결합의 공통성을 나타내는 관념이기 때문이다. 이러한 '구조'를 사유하는 것은 감각적 형태나 기능이 아닌, 일차적으로 "입자들 간의 운동과 정지, 빠름과 느림의 관계들"을 사유하는 것이요, 이차적으로 이러한 관계에 대응하는 변용 역량의 정도를 사유하는 것이다.

이를 위해서는 먼저 운동과 정지, 빠름과 느림에 의해서만 구별되는 "추상적이지만 완벽하게 실재적인 요소들"[173]에 도달해야 하는 것이다. 모든 개체적 존재자는 입자들 간의 운동과 정지, 빠름과 느림의 관계에 의해 규정되는 하나의 다양체이다. 심지어 〈자연〉 자체가 이러한 개체화된 다양체이다. 이런 의미에서 '구조'는 입자들 간의 결합관계로서 운동과 정지, 빠름과 느림의 관계들의 체계로

---

172 『에티카』, 139쪽
173 『천개의 고원』, 482쪽

서 다양체를 표시하는 공통 개념이다. 그리고 이러한 '구조'로서의 공통 개념은 초기-들뢰즈에게 있어서 '이념'에 대응한다. 왜냐하면 '이념'은 "추상적이지만 완전하게 실재적인 요소"로서 "감각 가능한 형식도, 개념적인 의미작용도, 따라서 지정가능한 기능도 지니지 않는"[174] 요소들 사이의 상호적 규정을 통해 완결된 규정을 얻는 하나의 다양체이기 때문이다. 이와 같은 의미에서 "공통 개념은 모든 목적성을 배제하는 자연 철학에서 진정으로 '이념들'의 역할을 수행한다."[175]

들뢰즈는 『차이와 반복』에서 이러한 이념을 '미분적 관계'와 이에 상응하는 특이점들로 규정하는데, 운동과 정지, 빠름과 느림의 관계란 곧 "미분적인 속도들"[176] 사이의 관계이며 따라서 미분적 관계를 뜻한다.

그리고 『천개의 고원』에서의 들뢰즈와 가타리에 의하면 하나의 몸체는 운동과 정지, 빠름과 느림의 관계가 규정하는 '경도'와 역량의 정도에 따라 몸체가 취할 수 있는 affect들로써 '위도'에 의해 구성된다.

몸체를 유와 종의 체계에 집어넣는 것은 아무 의미가 없다. 들뢰즈에 의하면, "경주마와 짐말의 차이는 짐말과 소의 차이보다 크

---

174 『차이와 반복』, 399쪽
175 『스피노자와 표현문제』, 341쪽
176 『천개의 고원』, 493쪽

기호와 현대철학

다."[177] 즉 스피노자-들뢰즈에게 중요한 것은 affect 혹은 변용태인 것이다. 이러한 affect는 〈'미분적 관계'로서의 '미분적 속도들의 관계'〉에 상응하는 특이점들의 분포를 의미한다.

즉 요약하자면 추상적이지만 실재적인 요소들 사이의 상호적 규정으로서 미분적 관계가 규정되는데, 이러한 미분적 관계에 대응하는 특이점들의 분포가 바로 affect인 것이다. 이러한 변용태 또는 affect는 몸체에 일어날 수 있는 '순수사건'이며 이는 순수사건이 곧 특이성이라는 들뢰즈의 『의미의 논리』에서의 주장과 통한다. 이런 의미에서 공통 개념으로써의 '이념'은 '경도'로서의 속도적 관계들과 '위도'로서의 affect의 종합에 의해 구성된다.

들뢰즈와 가타리는 속도들과 affect들을 통해 동물-되기를 설명한다. 예를 들어 꼬마 한스의 말-되기는 한스가 "자신을 말이 되게 해주는 운동과 정지의 관계들, affect들을 자기 자신의 요소들에 부여할 수 있는지 여부"[178]에 의해 결정되는 것이지, 형태나 주체, 연민이라는 감정과는 무관하다. 이러한 속도와 affect들의 공통성에 의해 하나의 공통적인 것으로서 〈존재〉가 규정된다. 들뢰즈와 가타리는 다음과 같이 쓰고 있다.

"호프만 슈탈이 쥐의 임종을 가만히 바라볼 때, 바로 그의 안에서 그 동물이 "괴물 같은 운명에게 이를 드러낸다." 그러나

---

177 『천개의 고원』, 487쪽
178 『천개의 고원』, 489쪽

그것은 호프만슈탈도 분명히 이야기하고 있듯이 연민의 감정
이 아니다. … 그렇게 해서 쥐는 인간 안에서 하나의 사유가, 열
광적인 사유가 되며, 이와 동시에 인간은 쥐가, 이빨을 갈며 죽
는 쥐가 된다. 쥐와 인간은 결코 같지 않지만 … 쥐와 인간 양자
에 대해 유일하고 동일한 의미로 <존재>가 이야기된다."[179]

이런 의미에서 "affect들을 배분하는 … 평면"[180]이 바로 내재성
의 평면이자 일의성의 평면이 된다. 내재성의 평면 혹은 일의성의
평면이 순수사건을 배분하는 평면임을 상기하라.

---

179 『천개의 고원』, 489쪽

180 『스피노자의 철학』, 184쪽

04

공통 개념의
정치적 함의

◆

공통 개념과 보편 개념은 그 정치적 함의에 있어서도 매우 차이가 난다. 발리바르의 스피노자 해석에 의하면 상상력에 의해 "계급 및 민족 관념 같은, 지극히 '통속적인' 실천적 보편자"[181]가 구성된다. 이것은 민족을 '상상의 공동체'라고 부르는 베네딕트 앤더슨의 주장을 선취한 것이다. 이렇게 이미지의 유사성에 의해 하나로 묶임에 의해 존재자의 특이성은 거세된다. 반면에 관계의 결합의 개념인 공통 개념에 의해 각각의 특이한 존재자들은 거세되지 않은 채 외부와 소통한다. 말하자면 두 개의 소통이 있는 것이다. 발리바르는 다음과 같이 쓰고 있다.

---

181   에티엔 발리바르, 진태원 옮김, 『스피노자와 정치』, 서울: 그린비, 2014, 195쪽

"달리 말하면 스피노자의 대상은 affect들 사이의 소통 관계이며, 따라서 자신들의 affect들을 통해 개인들이 소통하는 관계이다. 이런 의미에서 affect들의 소통은 대중이라는 개념 자체이다. 하지만 노력[코나투스]이 각자의 욕망에서부터 도시 안에서 모든 사람의 욕망에 이르기까지 이러한 소통을 관통하고 있다는 사실은, 이러한 소통 관계가 항상 양극성에 따라 분석되어야 함을 의미한다. 미신에 상응하는 양극 중 한 극에서 소통은 전적으로 동일시 메커니즘, 곧 실재적 독특성들에 대한 몰인식의 메커니즘의 지배를 받는다. 반대로 … '공통 개념들' 의 긍정에 상응하는 다른 극에서 소통은 적합한 인식과, 개인들의 역량을 배가하는 기쁜 변용들의 통일체이다."[182]

이와 같은 의미에서 스피노자에게 있어서 affect와 소통 (communication)의 문제는 매우 중요하다. 그런데 이렇게 affect들을 통해 소통하는 관계들의 그물망은 개체성을 파괴하는 폭력적인 일치(communion)가 아니며 오히려 〈개체성〉을 구성한다. 이뿐만 아니라 발리바르는 어느 누구도 '혼자서' 소통 없이 고립되어서는 제대로 된 생각조차 할 수 없다고 말한다. 발리바르는 다음과 같이 쓴다.

"실제로는 누구도 자신의 견해들을 표현하지 않은 채, … 소

182 『스피노자와 정치』, 194쪽~195쪽

통하지 않은 채 그 혼자서만 사고할 수는 없다. 사고의 장소는 사적 개인이 아니다. … 이 장소는, 그 한계 및 외연이 어떻든 간에 소통 자체이다."[183]

이런 의미에서 특이한 개인들은 소통을 통해서만 진정한 '사유'를 할 수 있으며, 특이성들의 온전한 긍정은 "개인들의 역량을 배가하는 기쁜 변용들의 통일체"로서의 소통 관계를 구성함으로써만 가능하다. 그리고 이러한 통일체를 형성하는 작업은 곧 '공통 개념'을 형성하는 작업이기도 하다. 즉 '공통 개념'의 형성은 코뮨적 통일체를 형성하며 인간은 이 '기쁨의 공동체' 속에서만 진정한 의미의 '사유'를 할 수 있다.

그리고 개체가 재생산되기 위해서는 다른 개체들, 더 나아가 공통 개념을 형성하는 '코뮨'이 필요하다. 그리고 개체가 재생산된다는 것은 개체가 계속 자신의 부분들을 버리고 다른 개체들의 부분들을 받아들인다는 것을 의미하는데, 이러한 '교환'의 재생산이 개체를 재생산한다. 발리바르는 다음과 같이 쓰고 있다.

"고립된 개체, 자신의 환경을 이루는 다른 개체들과 교환하지 않는 개체는 재생될 수 없다. 따라서 이 개체는 실존하지 않을 것이다."[184]

---

183 「스피노자와 정치」, 198쪽
184 「스피노자와 정치」, 222쪽

그리고 발리바르는 이러한 코뮨이 조지 오웰의 소설에서 볼 수 있는 전체주의와 매우 다르다고 주장한다. 오웰은『1984』에서 "인공적 언어의 창조"[185]와 이러한 언어에 기반한 세뇌에 의해서 개인들을 조종하고 통제하는 전체주의 국가의 모습을 그린다. 그런데 스피노자는 언어의 의미를 소수의 권력자들이 마음대로 규정할 수 없음을 이야기한다. "언어는 대중과 배운 사람 모두에게 보존"[186]된다.

또한 언어의 의미를 바꾼다는 것은 바꾸는 자 자신의 오래된 습관을 개조해야 하는 것으로, 바꾸는 자 자신에게 이익이 되지 않는다. 스피노자는 다음과 같이 쓰고 있다.

> "… 어떤 단어의 의미를 바꾸는 것은 결코 어떤 사람에게도 이익이 될 수 없기 때문이다. 왜냐하면 어떤 단어의 의미를 바꾸고자 하는 사람은 누구나, 각각의 경우 저자의 성격과 의도를 설명하면서 그 언어로 기술하고 단어를 받아들여진 의미로 사용한 모든 저자들에게도 설명하지 않으면 안 되기 때문이다. … 만일 어떤 사람이 자신에게 습관화된 단어의 의미를 다른 것으로 바꾸려고 한다면 그는 나중에 말하기와 글쓰기에서 일관성을 유지하는 일이 어려울 것이다."[187]

185 『스피노자와 정치』, 205쪽
186 바루흐 스피노자, 강영계 옮김,『신학정치론』, 파주: 서광사, 2017, 189쪽
187 『신학 정치론』, 189쪽

더 나아가 더 근원적인 의미에서 완벽한 전체주의는 불가능한데, 왜냐하면 개인성에 대한 획일적 억압은 어떤 지점에 이르러서는 "폭발적인 반발"을 불러오기 때문이다. 이와 같은 의미에서 개체는 "압축 불가능한 최소"를 가진다. 그리고 이 압축 불가능성에 의한 폭발에 의해 전체주의는 위기에 처한다.

그리고 개체가 자신과 합치하는 다른 개체들과 소통할 때, 개체는 파괴되지 않기에 "개체들 사이에서 확립되는 관계들은 개체들의 자율성을 제거하지 않고서도 집합적인 또는 '상위의' 개체성을 형성한다."[188] 즉 코뮌은 개체의 자율성을 파괴하지 않고 구성될 수 있다.

----

188 「스피노자와 정치」, 227쪽

05

결론:
스피노자와 떼 지성

♦

    그리고 개체와 다른 개체들의 관계의 합치가 성공적일수록 각 개체들과 '상위의' 개체는 더 많은 역량을 가지게 된다. 따라서 사회의 형성은 개체에게 도움이 된다. 발리바르의 말대로 소통으로부터 소외된 개체는 지성적 역량이 떨어질 뿐만 아니라 다른 역량도 떨어지게 된다. 이른바 자연상태에서 개체의 역량은 시민상태보다 떨어지며, 따라서 역량과 동의어로서의 자연권도 거의 갖지 못한다.

    특기할 점은 이러한 사회계약론에서는 시민상태 속에서 개인의 자연권이 '양도'되는 반면에, 스피노자의 철학에서는 시민상태 속에서 자연권이 증대된다는 것이다. 스피노자는 『정치론』에서 다음과 같이 쓴다.

"만약 두 사람이 모여 힘을 합친다면, 그들은 자연에 대해서 혼자인 경우보다 더 많은 능력을 갖게 되며, 따라서 더 많은 권리를 갖는다. 이런 식으로 연합을 형성한 사람들이 많으면 많을수록 그들은 다함께 더 많은 권리를 소유한다."[189]

"인간의 자연권은, 그것이 각 개인의 능력에 의해 결정되고 각 개인 혼자만의 것인 동안은 미미한 것이고, 사실적으로보다는 오히려 관념적으로 존재한다. … 사람들은 서로의 도움이 없이는 생활을 유지하고 정신을 함양하는 것이 거의 불가능하다."[190]

이런 의미에서 스피노자는 떼 지성, 집단 지성 이론의 선구자이다. 개미 한 마리의 지능은 미약하지만, 이 개미들이 소통하면서 하나의 신체를 구성하게 되면, 즉 개미들 사이의 관계들의 합성이 성공적으로 이루어지게 되면, 이들은 더 많은 능력을 갖게 된다. 뿐만 아니라 정치체의 권리가 "하나의 정신에 의해 인도되듯 인도되는 다중의 능력에 의해 결정"[191]되듯이, 마치 개미들 사이에 공통적 정신이 존재하여 이 개미-다중을 인도하는 것처럼 개미-다중은 정교한 건축물을 구성할 역량을 갖추게 된다.

---

189 바루흐 스피노자, 황태연 옮김, 『정치론』, 전주: 비홍출판사, 2013, 28쪽
190 『정치론』, 29쪽~30쪽
191 『정치론』, 44쪽

이에 대해 네그리와 하트는 다음과 같이 쓴다.

"예를 들어 열대 지방의 흰개미들이 서로 소통하면서 장대하고 정교한 반구형의 구조물들을 어떻게 세우는지 생각해보라. 연구자들은 각각의 흰개미가 떼 안의 다른 흰개미들이 남겨놓은 페로몬 농축액을 따라간다는 가설을 세운다. 개체로서의 흰개미들 중 어느 것도 높은 지능을 가지고 있지 않지만, 흰개미들의 떼는 어떤 중앙 통제 없이 지능 체계를 형성한다. **떼 지성은 근본적으로 소통에 기초하고 있다.**"[192]

지배자들은 다중들의 출현을 기본적으로 곤충의 '떼', 즉 지능을 갖추지 못한 자들의 무리의 '난입'으로 여기지만, 스피노자의 철학을 응용하면 우리는 곤충 개체들의 지능은 미약하지만 이 개체들이 소통의 네트워크를 이룰 때 집합적인 역량, 즉 하나의 탁월한 정신이 신체를 인도하듯이 다중들을 인도하는 집합적 지성, 떼 지성을 구성한다는 것을 알 수 있다. 네그리는 다음과 같이 이 떼 지성이 구성되기 위해서는 '소통'이 필요하다고 강조한다. 즉, 지배자들의 입장에서 "윙윙거리고 붕붕거리고 왁작거리는"[193] 소통이 필요하다는 것이다.

이런 의미에서 소통은 다중을 천재로 만든다. 네그리와 하트는 다음과 같이 쓴다.

---

192 안토니오 네그리, 마이클 하트, 조정환 · 정남현 · 서창현 옮김, 『다중』, 서울: 세종서적, 2008, 127쪽

193 『다중』, 129쪽

"결국 소통의 생산적 영역은 혁신이 언제나 필연적으로 공동으로 발생한다는 점을 풍부한 사례를 통해 명확히 보여준다. 네트워크들 속에서 이루어지는 이러한 혁신의 사례들은 지휘자 없는 오케스트라로, 끊임없는 소통을 통해 박자를 결정하며 중앙에서 지휘자의 권위가 부과될 때에는 떨어져나가 침묵하게 될 오케스트라로 생각될 수도 있을 것이다. 우리는 혁신이 어떤 개인의 천재성에 의존한다는 생각에서 벗어나야 한다. 우리는 오직 네트워크들 속에서 서로 생산하고 혁신한다. 만약 천재적인 행위가 있다면, 그것은 다중의 천재성이다."[194]

여기서 탈중심성이 매우 중요하다. 스피노자는 "소수의 사람들이 … 만사를 결정"하게 되면 "자유와 공공의 복리도 멸망"한다고 말한다. 결국 탈중심화된 소통을 통해서만 다중들의 지성이 훈련될 수 있다고 스피노자는 말한다.

"인간의 지력은 모든 것을 한꺼번에 통찰하기에는 너무 둔하지만, 다른 사람들과 토의하고 경청함으로써, 그리고 토론함으로써 예리해진다."[195]

이러한 소통을 통해 개체의 자율성을 침해하지 않을 뿐만 아니라 개체의 능력을 확장하는 코뮨을 구성해야 한다.

----

194 『다중』, 402쪽
195 『정치론』, 206쪽

▌ 참고문헌 ▌

- 루이 알튀세르, 이진수 옮김, 『레닌과 철학』, 서울: 백의, 1991
- 루크 페레터, 심세광 옮김, 『루이 알튀세르의 이데올로기』, 서울: 도서출판 앨피, 2014
- 바루흐 스피노자, 황태연 옮김, 『에티카』, 서울: 도서출판 피앤비, 2011
- 바루흐 스피노자, 강영계 옮김, 『신학정치론』, 파주: 서광사, 2017
- 바루흐 스피노자, 황태연 옮김, 『정치론』, 전주: 비홍출판사, 2013
- 안토니오 네그리, 마이클 하트, 조정환 · 정남현 · 서창현 옮김, 『다중』, 서울: 세종서적, 2008
- 에티엔 발리바르, 진태원 옮김, 『스피노자와 정치』, 서울: 그린비, 2014
- 진태원, 『스피노자 윤리학 수업』, 서울: 그린비, 2022
- 질 들뢰즈, 박정태 옮김, 『들뢰즈가 만든 철학사』, 서울: 이학사, 2007
- 질 들뢰즈, 현용종 · 권순모 옮김, 『스피노자와 표현 문제』, 서울: 그린비, 2019
- 질 들뢰즈, 박기순 옮김, 『스피노자의 철학』, 서울: 민음사, 2017
- 질 들뢰즈, 김상환 옮김, 『차이와 반복』, 서울: 민음사, 2011
- 질 들뢰즈, 펠릭스 가타리, 김재인 옮김, 『천개의 고원』, 서울: 새물결 출판사, 2003

IV

가라타니 고진,
자본주의, 코뮤니즘

01

자본주의와 의회제의
비판가로서의 마르크스

◆

마르크스는 코뮤니즘 사상가가 아니다. 마르크스가 코뮤니즘에 대해 설명한 것은 분량이 얼마 안 되며 그것도 「고타강령 비판」에서의 "능력에 따라 일하고 필요에 따라 분배하는 사회"와 같은 소유체제를 근본적으로 변형하지 못하는 잘못된 대안일 뿐이다.

그러나 가라타니 고진은 마르크스가 자본주의에 대한 탁월한 분석가이자 비판가라는 점을 잘 보여준다. 가라타니 고진은 마르크스가 자본주의에 대한 손쉬운 출구를 제시하지 않으며 자본주의를 극복하는 것이 얼마나 어려운 일인지를 보여준다고 말한다. 가라타니 고진에 의하면 마르크스는 자본주의의 필연적 붕괴를 선언하지 않았다.

물론 마르크스는 자본주의에서의 판매와 구매의 비대칭성에 의해 상품의 우발적인 '팔리지 않을 가능성', 즉 '공황'의 가능성이 존재한다고 보았다. 그런데 이러한 '공황'을 지연시키는 '신용'이 과도해지면 이러한 '신용'이 붕괴했을 때 '공황'은 걷잡을 수 없이 강력해진다.

마르크스는 이런 의미에서 주기적인 공황의 필연성만을 말했고, 이러한 공황이 자본주의의 '진리'라는 점을 보여주었을 뿐이다. 그러나 이러한 '공황'이 자본주의의 필연적인 멸망을 가져온다고 말할 수는 없다.

가라타니 고진은 마르크스가 이러한 자본주의의 '진리'로서의 공황의 발생을 지극히 단순하고 평범해 보이는 '가치형태'로부터 설명했다는 점이 마르크스의 뛰어난 점이라고 말한다. 마르크스의 가치형태론은 물물교환으로부터 화폐가 발생하는 과정을 다루는 실제의 역사적 기술이 아니라, 일종의 선험적이고 논리적인 분석이다.

'단순한, 개별적인 또는 우연적인 가치형태'는 다음과 같은 형식을 띈다.

$$x량의 \ 상품 \ A = y량의 \ 상품 \ B$$

여기서 A는 상대적 가치형태 B는 등가형태라고 불린다. 즉 A라는 상품의 가치는 B라는 상품의 사용가치를 통해 '표현'된다. 여기서 주의할 점은 A와 B는 서로 '차이' 나고 '구별'되는 이질적인 것이어야 한다는 점이다. 이러한 이질성은 사용가치의 '차이'를 의미한다. 마르크스는 이런 의미에서 상대적 가치형태와 등가형태가 서로

의존하면서 대립하며 상호 배제한다고 말하고 있다.

이러한 사용가치의 '대립'과 '차이' 속에서 '가치'가 발생한다고 주장한다는 점에서 마르크스의 분석은 소쉬르의 언어분석과 동형적(isomorphic)이다. 소쉬르는 『일반 언어학 강의』에서 기표들 간의 '대립' 또는 '차이'에 의해 언어기호의 '가치'가 부여된다고 주장했다.

이와 같은 단순한 가치형태에 화폐와 자본주의의 비밀이 숨어 있다고 가라타니 고진은 말한다. 즉 '화폐형태'는 단 하나의 사물만이 등가형태의 위치에 설 수 있는 가치형태이다. 즉 화폐라는 일반적 등가물이 등장한 것이다. 앞에서 상대적 가치형태와 등가형태가 서로 대립하면서 상호배제한다고 말했는데, 이것은 상대적 가치형태에 놓이는 상품과 등가형태에 놓이는 화폐의 비대칭성을 의미한다. 그럼에도 불구하고 상품과 화폐는 이러한 '대립'과 '차이' 속에서 등가관계를 맺고 '가치'를 부여받는다.

가라타니 고진은 상품 물신주의가 이러한 상품들 사이의 변별적인 관계의 망 속에서 상품과 화폐를 고찰하는 것이 아니라 상품들 속에 화폐량으로 표현된 '가치'가 내재한다고 믿게 되는 데에서 발생한다고 본다. 말하자면 상품에 내재하는 가치란 환상이다. 가라타니 고진은 다음과 같이 쓰고 있다.

"다시 말해서 '가치'라는 것은 없고 '상이한' 사용가치의 관계가, 더 정확히 말하면 '차이'의 유희가 근저에 있을 뿐이다."[196]

화폐를 중립적이고 투명한 매체로 보는 사람들은 화폐가 단지 상품의 가치를 '표시'하기만 할 뿐이라고 말한다. 즉 데리다 식으로 말하면 화폐를 상품에 내면적으로 현전하는 '진리의 음성'으로서의 '가치'를 외재적으로 '표기'하는 표음문자라고 생각하는 것이다. 그러나 상품의 '가치'는 화폐 이전에 존재하지 않았다. 가라타니 고진은 다음과 같이 쓴다.

"사람들은 문자가 마치 '내면'에서 가장 소원한 것처럼 생각한다. 그 이유는 문자가 음성적 문자이고 단지 음성을 표기할 뿐이라고 생각하는 데 있다. 그렇기 때문에 우리는 화폐=음성문자를 '내면', 곧 상품에 내재하는 가치에서가 아니라 마르크스가 말한 상형문자로서의 가치형태에서 사유하지 않으면 안 된다. 선험적인 의미와 가치를 표시하기 위해 문자가 발명된 것이 아니라, 오히려 문자가 그것을 초래한 것이다. 그리고 그것 자체, 화폐=음성문자 확립의 결과인 '의식'에 의해 덮여서 가려져 있다."[197]

그리고 가치형태에서의 상품과 화폐의 '대립' 혹은 비대칭에 의해

196 가라타니 고진, 김경원 옮김, 『마르크스 그 가능성의 중심』, 서울: 이산, 1999, 39쪽
197 『마르크스 그 가능성의 중심』, 50쪽~51쪽

기호와 현대철학

자본주의는 언제나 '공황'이라는 '진리'에 직면하게 된다. 즉 상인자본과 산업자본은 한 번은 '판매'의 입장에 서야 하는데, 상품이 팔린다는 것을 사전에 보증하는 것은 아무것도 없다. 그렇기에 가라타니 고진은 상품이 팔린다는 것이 사실은 '목숨을 건 도약'이라고 말하고 있다. 말하자면 상품을 파는 것은 나와 규칙을 공유하고 있지 않은 '타자'와의 커뮤니케이션이라는 것이다. 가라타니 고진은 다음과 같이 쓰고 있다.

> "다시 앞에서처럼 상품을 판다고 생각해보자. 앞의 경우에서 내가 상품의 가치(규칙)를 상정했다고 해도 실제로는 그렇게 되지 않는다. 타자가 말하는 것을 반박할 수 있는 '사실'은 어디에도 보이지 않기 때문이다. 설사 '전지전능한 신'이 있다고 해도 그 상품의 가치를 확정할 수는 없는 것이다.
> 여기에 '목숨을 건 도약', '어둠 속의 도약'이 존재한다."[198]

가라타니 고진은 이러한 의미에서 자본주의에서의 '판매'와 '구매'가 일종의 비대칭적인 언어적 커뮤니케이션이라고 주장한다. 또한 가라타니 고진은 자본주의가 하나의 언어적 '표상체계'라고 말한다. 이러한 표상체계에 의해 억압되는 '구멍'이 존재하며 놀랍게도 자본주의적 표상체계에서는 이 '구멍'이 화폐이다. 왜냐하면 고전파 경

---

198 가라타니 고진, 송태욱 옮김, 『탐구1』, 서울: 새물결, 1998, 49쪽

제학자나 신고전파 경제학에서 화폐는 "가치를 표시하는 척도이자 지불수단"[199]에 불과하지만 마르크스에게 있어서 화폐는 하이데거가 말하는 "존재=무"[200]로서 표상체계에 의해 억압되는 '표상 불가능한 것'이다. 그리고 이 억압된 것이 반복 강박을 형성한다.

가라타니 고진에 의하면 마르크스는 『브뤼메르 18일』에서 의회제가 일종의 '표상체계'이며 '절대군주'라는 '구멍'을 억압하고, 프랑스 혁명에서 이러한 '억압된 것'의 회귀에 의해 나폴레옹과 나폴레옹 3세가 황제로 등극했다는 것을 보여주었다. 이와 같이 의회제 정치를 '표상체계'로 보는 것은 의회제가 대표하는 자와 대표되는 자의 은폐된 자의성에 기초를 두고 있기 때문이다. 즉 "대표제 혹은 담론기구"[201]가 대표되는 자로부터 자립해 있다는 것이다. 이러한 불일치는 대표되지 않는 계급을 만들어 내는데, 이러한 대표되지 않는 자들은 대표제를 초월한 주권자로서 '황제'를 요청한다.

이와 같은 의미에서 보면 대의제의 숨은 '진실'은 황제라는 초월자인 것이다. 가라타니 고진은 이와 같이 '표상체계'로서 의회제를 분석하고 있으며 이러한 마르크스의 분석은 오늘날도 유효하다고 말한다. 특히 가라타니 고진은 이와 같은 분석을 20세기 나치즘에 적용해볼 수 있다고 말한다. 즉 대표되지 않는 자들로서 농민들이 '황제'로서 히틀러를 지지한 것이다. 가라타니 고진은 다음과 같이

---

199 가라타니 고진, 조영일 옮김, 『역사와 반복』, 서울: 도서출판 b, 2013, 19쪽

200 『역사와 반복』, 19쪽

201 『역사와 반복』, 26쪽

쓰고 있다.

> "우리는 20세기 파시즘의 주요한 기반이 된 게 그 같은 계급
> 이라는 것을 보았다. 그러나 그때 중요한 것은 오히려 농민을
> 정치적 무대에 나오게 한 보통선거에 의한 대표제 민주주의다.
> 예를 들어 히틀러 정권은 바이마르 체제의 이상적 대표제 속에
> 서 출현했으며, …"[202]

이와 같이 마르크스는 현대 의회제와 자본주의를 일종의 '표상체
계'로 분석하고 비판하고 있다. 여기서 가라타니 고진은 프로이트
를 상기시킨다. 가라타니 고진에 의하면 "마르크스는 프로이트의
『꿈의 해석』을 선취"하고 있으며 정신분석에서 중요한 것은 잠재적
인 꿈 사고가 아니라 '꿈의 작업'이듯이, 마르크스가 중요하게 여기
는 것은 "실제의 계급적 이해관계"가 아니라 "계급적 무의식이 어
떻게 해서 압축/전치되어 가는가"이다.[203]

202 『역사와 반복』, 27쪽
203 『역사와 반복』, 28쪽

02

구조와 그 바깥

가라타니 고진은 구조주의에 많은 영향을 받았다. 『세계사의 구조』, 『제국의 구조』라는 책 이름에서부터 구조주의적 경향이 나타난다. 이렇게 한편으로는 구조주의자이면서 동시에 구조의 '바깥'에 서 있기를 희망하는 역설과 모순이 가라타니의 텍스트에서 드러난다.

예를 들어 가라타니 고진은 데카르트주의에서와는 달리 데카르트의 코기토는 하나의 코드나 관습에 의해 지배되는 "공동체"[204]의 외부로 나아가려는 강인한 의지의 표현이라고 말한다. 가라타니 고진은 다음과 같이 쓰고 있다.

---

204 가라타니 고진은 다음과 같이 쓰고 있다.
"요컨대 공동체란 공동성이며 바로 하나의 언어 게임으로 닫혀 있는 '영역'인 것이다."(『탐구1』, 21쪽)

"데카르트에게 '의심하는' 것이란 바로 '생각하는' 것이 공동체에 속하는 것이 아닌가 하고 의심하는 것이다. 다시 말해 의심하는 주체는 공동체 외부로 나가려고 하는 의지로서만 존재한다. 데카르트는 그러한 의지를 정신이라고 부른다."[205]

이것은 우스운 '주의주의(主意主義)'에 불과하다. 가라타니 고진의 우스꽝스러움은 그가 비트겐슈타인의 제자를 자처함에도 명백히 '사적 언어'와 같은 것을 가정한다는 점에서 반복된다. 다음과 같이 말이다.

"의심하는 주체는 자신에게 타당한 것이 다른 모든 사람들에게도 타당하다는 사실을 전제할 수 없다. 그것은 문자 그대로 사적이며 단독자적인 것이다."[206]

나의 주장을 검증해줄 타자가 없는 단독자적인 사적 독백에서는 타당한 것과 타당하다고 믿는 것 사이의 구별이 있을 수 없다. 그러나 이러한 구별−없음은 논리 자체를 파괴하는 것이다.

이렇게 '외부'에 서있으려는 결단에 의해 단독자가 된다는 것은 들뢰즈의 사상과는 무관한데도 가라타니는 들뢰즈를 단독적인 고유명의 주체를 옹호한 사상가로 해석한다. 가라타니 고진의 고유명으로 지시된 단독자는 사실 자신에 대하여 '외부적인 것'의 영향

---

205 『탐구1』, 15쪽
206 『탐구1』, 16쪽

을 받지 않는다. 말하자면 "고유명이 모든 가능세계에 걸쳐 타당"하며 그렇기 때문에 고유명을 "고정지시자"라고 부를 수 있다는 것이다.[207] 그러나 들뢰즈의 '특이성'은 외부적인 것에 의해 의미가 부여되며 따라서 모든 가능세계에 걸쳐 고정적인 지시자가 될 수 없다.

들뢰즈는 고유명사로 실제의 주체를 재현할 수 없으며 오히려 이러한 고유명사는 〈효과〉로서 〈사건〉에 붙은 이름이라고 말한다.

> "고유명사들의 이론은 재현의 견지에서 착상되어서는 안 되며, <효과들>의 부류에 관계된다. 효과들은 원인들에 단순히 의존하지 않고 한 영역을 채우며 기호 체계를 실효화한다. 이 점은 물리학에서 잘 볼 수 있다. 물리학에서 고유명사는 퍼텐셜의 장에서의 그러한 효과들을 지시한다(줄 효과, 제베크 효과, 켈빈 효과)."[208]

가라타니 고진에 의하면 고유명은 개별 공동체의 언어 '바깥'에 위치한다. 가라타니 고진은 다음과 같이 쓰고 있다.

> "그것은 언어에 대해 외부적이다. … 그것은 하나의 차이 체계(랑그)로 흡수되지 않는다. 이런 의미에서 고유명은 언어 속에서 외부성으로 존재한다. … 언어에서 고유명의 외부성이란

---

207 가라타니 고진, 권기돈 옮김, 『탐구2』, 서울: 새물결, 1998, 45쪽

208 질 들뢰즈, 펠릭스 가타리, 김재인 옮김, 『안티 오이디푸스』, 서울:민음사, 2015, 160쪽

언어가 어떤 닫힌 규칙 체계(공동체)로 환원될 수 없다는 것 …
을 의미한다."[209]

이 언표는 프레드릭 제임슨이 말한 '언어의 감옥'을 벗어나려는
무의미한 시도라고 볼 수 있다. 가라타니 고진은 이전에 『은유로서
의 건축』에서 이러한 언어의 '외부'를 역설적으로 언어 자체를 자
기-준거적인, 다른 말로 하면 "자기 자신과 차이를 만드는"[210] 형식
적 체계로 규정함으로써 찾으려고 했지만 이러한 절망적인 시도는
성공할 수 없었던 것이다. 가라타니 고진은 『은유로서의 건축』에서
다음과 같이 쓰고 있다.

> "데리다는 차연의 숨겨진 작용을 드러낸다. 현전으로 이해
> 되는 구조는 항상 울타리 쳐져 있는데, 그것은 그런 구조가 차
> 연의 불가피한 운동을 억누르기 때문인 것이다. 그러면 이 불
> 가피한 차연이란 무엇인가? … 그것은 구조 또는 형식 체계의
> 자기 준거성 외에 아무것도 아니다."[211]

이러한 구조의 '외부'로 나아가려는 시도는 『탐구』 시리즈에서는
고유명에 대한 집착으로 나타나는 것이다.

209　『탐구2』, 39쪽

210　가라타니 고진, 김재희 옮김, 『은유로서의 건축』, 서울: 한나래, 1998, 129쪽

211　『은유로서의 건축』, 108쪽~109쪽

03

가라타니의
교환양식론

♦

이러한 시도는 『세계사의 구조』에서 근대 자본주의에서 교환양식 B, C에 의해 억압당하는 '내재하는 외부'로서 교환양식 A의 고차원적 회복인 교환양식 D를 지향해야 한다는 가라타니 고진의 주장에서 반복된다. 이러한 교환양식 D는 교환양식 A로의 단순한 회귀가 아니라 "그것을 부정하면서 고차원적으로 회복하는 것"[212]이다. 가라타니 고진의 교환양식들 대한 설명은 다음과 같다.

(1) 교환양식 A는 모스의 『증여론』에서 나오는 선물교환의 시스템, 즉 증여(贈與)와 수증(受贈: 증여한 것을 받음)과 답례의 의무로 짜인 〈호수성〉의 시스템을 의미

---

212   가라타니 고진, 조영일 옮김, 『세계사의 구조』, 서울: 도서출판b, 2012, 40쪽

한다.

(2) 교환양식 B는 폭력을 독점한 국가에 의한 약탈과 국가 이외의 폭력을 배제함으로써 피지배자가 얻는 안전, 그리고 "관개 등의 공공사업"을 통한 재분배에 의해 작동하는 시스템을 의미한다.

(3) 교환양식 C는 상품교환을 의미한다. 이러한 상품교환은 호수성의 〈의무〉나 국가의 폭력을 배제한, 자발적인 교환을 의미한다. 가라타니 고진은 다음과 같이 쓴다.

> "제3의 교환양식 C, 즉 상품교환은 상호합의에 근거하는 것이다. 그것은 교환양식 A나 B, 즉 증여를 통해 구속하거나 폭력을 통해 강탈하거나 하는 일이 없을 때 성립하는 것이다. 즉 상품교환은 서로가 타인을 자유로운 존재로서 승인할 때만 성립한다."[213]

(4) 교환양식 D는 '자유의 상호성'으로서 교환양식 B와 C에 의해 억압된 교환양식 A의 고차원적 회복을 의미한다. 고차원적 회복이란 교환양식 A에서의 "전통적 공동체의 구속"[214]을 벗어난 '자유로운 개인들의 어소시에이션'을 구성하는 것을 의미한다. 이러한 교환양식 D는 역사 속에서 '보편 종교'로 나타났다. 가라타니는 교환양식 D를 코뮤니즘으로 보고 있다.

---

213   『세계사의 구조』, 38쪽
214   『세계사의 구조』, 40쪽

가라타니 고진에 의하면 하나의 사회구성체는 이와 같은 상이한 교환양식들이 서로 얽혀서 결합된 복합체이다. 그러나 각각의 사회구성체마다 지배적인 교환양식이 있다. 가라타니 고진에 의하면 부족 사회에서는 교환양식 A가, 국가 중심의 사회에서는 교환양식 B가, 자본주의 사회에서는 교환양식 C가 지배한다.

　교환양식 C가 전면적으로 지배하는 오늘날, 교환양식 B는 근대 국가로 교환양식 A는 '상상의 공동체'로서 네이션으로 변용되어 〈자본=네이션=스테이트〉라는 통합체를 형성하고 있다.

　그리고 네이션과 스테이트가 독자적인 교환양식이라는 것은 이 둘을 자본주의 생산양식을 반영하는 '상부구조'로만 보았던 마르크스주의 역사유물론을 완전히 다시 구성해야 함을 의미한다. 즉 네이션과 스테이트는 자본제 생산양식을 수동적으로 '반영'하는 것이 아니라 능동적 주체(agent)로서 '토대'를 구성한다.

　또한 〈자본=네이션=스테이트〉라는 삼위일체는 자본주의에 의해 발생하는 빈부 격차 등의 모순에 대해 국가가 재분배를 통해 모순을 어느 정도 해결하고 네이션이 '상상적 통합체'의 비전을 제시함으로써 완성된다고 가라타니 고진은 주장한다. 그리고 이러한 삼위일체의 완성은 '역사의 종말'을 의미한다고 가라타니 고진은 말한다. 결국 인간의 역사는 헤겔의 손바닥 안에서 움직였던 것인가? 어찌 되었든 〈자본=네이션=스테이트〉를 넘어서기 위해서는 헤겔의 법철학을 음미하고 비판해야 한다고 고진은 쓰고 있다. 헤겔의

기호와 현대철학

법철학에 대한 비판적 탐구는 다음 기회로 미루고 오히려 가라타니 고진의 사상을 비판적으로 검토해보자.

04

가라타니 고진과
민족학자의 꿈

◆

가라타니 고진은 태곳적에는 원(原)-유동성이 존재했다고 말한다. 가라타니 고진은 최초의 인류가 바로 이 원-유동성을 가진 수렵채집민이었다고 말한다. 그러나 이를 뒷받침해줄 실증적 근거가 없다. 왜냐하면 오늘날 관찰되는 유목민이나 유동적 수렵채집민은 정주민이었다가 '도주'한 사람들이거나 어떤 식으로든 정주민과의 관계를 전제로 하는 사람들이기 때문이다.

가라타니 고진은 그럼에도 불구하고 민속학자 야나기타 구니오를 동원하여 이러한 원-유동성이 실재했다고 말한다. 야나기타 구니오는 이 원-유동성으로서 '산인'이 존재했다고 주장했다. 그러나 이러한 '산인' 이론은 그 실증적 증거가 없기 때문에 폐기된 가설이다. 가라타니 고진은 그럼에도 불구하고 담론적 구축물에 불과한 '산인'

을 진지하게 믿는다. 이러한 '산인' 이론은 마르크스주의의, 역사에 선행하는 '원시 공산주의 사회'와 마찬가지로 '실낙원의 신화'이자 낭만적 환상에 불과하다.

가라타니 고진에 의하면 '산인'과 같은 원-유동성의 공동체는 모두가 자유롭고 평등한 코뮤니즘 사회였을 뿐만 아니라 갈등이 있더라도 불만을 품은 사람들이 공동체로부터 이탈하여 새로운 공동체를 만들면 되기 때문에 갈등이 쉽게 해소된다고 말한다. 말하자면 이 공동체는 '유토피아'인 것이다.

그런데 정주와 함께 '타락'이 시작된다. 가라타니는 원-유동성에서 정주로의 전환이 불평등을 낳았다고 말한다. 그리고 이러한 정주에 의해 비로소 농업, 재배, 사육이 생겨난 것이라고 가라타니는 말한다. 이것은 농업에 의해 정주를 하게 되었다는 고든 차일드의 주장을 반박하는 것이다.

그런데 가라타니는 아직도 단순하고 작은 사회에서 복잡하고 큰 사회로 나아간다는 **역사발전에 대한 소박한 진화론적 믿음**을 가지고 있는 것 같다. 가라타니 고진에 의하면 인간 사회는 "몇 개의 가족이 모이는 밴드 내지 캠프"[215]에서 농업과 목축을 하며 수장제가 존재하는 씨족 사회를 거쳐 계급 사회로서 국가로 나아갔다. 가라타니 고진은 실제로 씨족 사회가 "국가로 발전할 요소"[216]를 품고 있었다고 말한다.

---

215 『세계사의 구조』, 73쪽
216 『세계사의 구조』, 73쪽

그런데 들뢰즈와 가타리는 이와 같은 진화론을 거부한다. 클라스트르에 의하면 국가 없는 사회는 "국가에 대항하는 사회"로서 국가 형태를 끊임없이 저지하는 사회이다. 이런 의미에서 클라스트르와 가라타니 고진은 서로 통하는데, 왜냐하면 국가에 대항하는 사회의 국가에 대한 선재성(先在性)을 둘 모두 믿고 있기 때문이다. 가라타니 고진에 의하면 씨족 사회는 "국가로 발전할 요소"를 가지고 있지만 또한 국가의 발생을 억제할 메커니즘을 가지고 있다. 혹자는 "그렇다면 국가의 기원은 어디에 있는가?"라고 묻겠지만 이러한 기원에 대한 질문 자체를 불가능하게 하는 것이 바로 『천개의 고원』에서의 들뢰즈와 가타리이다.

들뢰즈와 가타리에 의하면 국가와 "국가에 대항하는 사회" 사이에 시간적 전후 관계는 존재하지 않으며 이 둘은 언제나 공존하고 있었다고 말한다. 그들에 의하면 "언제 어디서나 국가는 존재"[217]했다. 결국 가라타니 고진도 야나기타 구니오와 마찬가지로 "민속학자의 꿈"을 공유하고 있었던 것이다. 들뢰즈와 가타리는 다음과 같이 쓰고 있다.

"원시 공동체의 자급자족, 자율성, 독립성, 선재성 등은 단지 민속학자의 꿈일 뿐이다. 이러한 공동체들은 반드시 국가에 의존하는 것이 아니라 복잡한 연결망 속에서 국가와 공존하고 있

---

217 『천개의 고원』, 827쪽

었기 때문이다. ··· 이처럼 모든 것이 끊임없이 상호작용 속에
공존하고 있다."[218]

물론 고진과 들뢰즈/가타리의 사유에서 공통점을 찾을 수 없는
것은 아니다. 고진과 들뢰즈/가타리 모두 국가가 물적 토대로서의
생산력과 생산양식의 발전에 의해 출현했다는 고든 차일드의 주장
을 기각한다는 것이다. 들뢰즈와 가타리에 의하면 반대로 생산을 〈
양식〉으로 조직하는 것이 국가이고, 이 국가는 생산력의 점진적인
발전에 의해서 출현하는 것이 아니며 오히려 국가가 노동을 조직하
여 생산력이라 부르기 민망할 정도의 미미한 생산력을 폭발적으로
증대시킨다. 이뿐만 아니라 들뢰즈와 가타리에 의하면 농업과 목축
이 먼저 존재하고 이를 토대로 도시가 발전하는 것이 아니라 반대
로 도시가 농업과 목축을 발명하는 것이다. 이런 의미에서 도시가
농촌에 선행하고 도시가 농촌을 형성한다. 이와 같이 도시와 국가
가 농업과 목축보다 먼저 존재했다는 것은 가라타니 고진도 동의하
는 바이다. 가라타니 고진은 다음과 같이 쓰고 있다.

"제이콥스는 이것을 과감히 전도시키기 위해 다음과 같이
생각했다. 농업의 기원은 농촌이 아니라 다양한 공동체들의 사
물이나 정보가 집적되고 기술자가 모이는 도시에 있다. 그녀는

---

218 『천개의 고원』, 827쪽

그것을 원도시(proto-city)라고 불렀다. 다양한 농업기술, 품종 개발, 그리고 동물의 길들임(가축화)이 생겨난 것은 거기에서다. 농업·목축은 도시에서 시작되고, 그것이 주변으로 확대되었다는 것이 그녀의 주장이다. … 제이콥스가 말하는 원도시는 말하자면 원도시＝국가이다. … 즉 도시가 시작되었을 때, 이미 국가가 시작되어 있었던 것이다."[219]

그런데 가라타니 고진은 이와 같이 원-국가의 개념에 거의 도달했음에도 불구하고 국가의 기원을 설명하기 위해 홉스의 사회계약을 변형시킨다. 가라타니 고진은 개인들 간의 사회계약이 아닌 공동체들 간의 사회계약에 의해 국가가 출현했다고 설명한다. 그러나 이러한 미봉책에도 불구하고 가라타니 고진은 국가의 발생적 기원이 존재한다는 '기원의 문제설정'이라는 함정에서 빠져나오지 못했기에, 다음과 같이 스스로 인정하는 모순에 빠진다.

"국가는 공동체의 내부에서 생긴다는 테제와 국가는 공동체의 내부에서 생기지 않는다는 안티테제가 성립한다."[220]

그러나 우리는 들뢰즈와 가타리의 말대로 국가는 '국가에 대항하는 사회'과 동시에 공존하고 있었고 둘 사이에 시간적 선후 관계가

219 『세계사의 구조』, 114쪽
220 『세계사의 구조』, 123쪽

존재하지 않는다는 것을 받아들인다면, 그리고 '국가의 기원'이라는 잘못된 문제설정을 받아들이지 않는다면 이와 같은 모순을 피해갈 수 있다.

그러나 이렇게 국가가 원래부터 존재했다면 국가를 넘어서는 것은 불가능한 것 아닌가? 그렇지 않다. 들뢰즈와 가타리는 유목적 전쟁기계를 국가를 넘어서는 것으로 설정하고 있는데, 이러한 "유목민은 정주민보다 먼저 존재하지 않는다."[221] 오히려 정주민에서 유목민으로의 '되기'를 통해 국가 장치를 넘어설 수 있다. 들뢰즈와 가타리는 다음과 같이 쓴다.

> "오히려 유목적 삶은 하나의 운동, 즉 정주민에게 영향을 미치는 하나의 '되기'이며 이와 똑같이 반대쪽에서 보자면 정주 생활은 유목적 삶을 고정시키는 하나의 정지 상태가 된다. 이와 관련해 그리아즈노프는 가장 오래된 유목적 삶의 기원조차도 정확히 말해 대부분 도시에서 이루어지는 정주 생활을 포기하고 최초의 이동 경로를 통해 유목적 삶을 시작한 민족들까지로 거슬러 올라갈 수 있다는 것을 보여주었다. 바로 이러한 조건 아래서 유목민은 유목공간을 점유하거나 채우는 전쟁기계, 이 유목공간을 없애버리려는 경향을 가진 도시나 국가들에 맞설 수 있는 전쟁기계를 발명했던 것이다."[222]

---

221 『천개의 고원』, 828쪽
222 『천개의 고원』, 828쪽

그런데 가라타니 고진은 이와 같이 정주민으로부터 출발해서 유목민이 된 사람들이 궁극적으로 국가를 넘어설 수 없다고 말한다. 가라타니 고진은 정주 이전의 유동성으로서 '산인'과 정주 이후의 유동성으로서 '산지민'을 구분하고, 두 번째 타입의 유동성이 "정주 농민사회를 거부하고 혐오하면서도 그들에게 의거하는 교역을 행하고 때로는 농민공동체를 정복하고 지배하는 국가를 형성"한다는 이유에서 국가를 넘어서지 못한다고 말한다. 그런데 이것은 정주민과 유동민 각각을 역동적인 '되기'에 의해서 파악하지 못하고 실체화하는 것이다. 이러한 실체화에 의해 필연적으로 담론적 구축물에 불과한 순수-유동민으로서 원-유동성으로 나아가야 한다는 결론에 이르게 된다.

05

결론:
가라타니 고진을 넘어서

◆

가라타니 고진이 꿈꾸는 사회는 마르크스주의에서 〈잃어버린 낙원〉으로 상정되는 '원시 공산주의 사회'와 비슷한 코뮤니즘 유토피아이다. 우리는 이러한 원-유동성이라는 판타지를 설정하지 않고, 오히려 실재적인 유목민-되기를 실행해야 한다. 또한 들뢰즈와 가타리가 말하는 유목민이 된다는 것은 현존하는 국가와의 끊임없는 상호작용 속에서 내부성의 형식으로서의 국가 장치에 외부성의 형식을 도입한다는 것을 의미한다. 국가와 상호작용하지 않는 낭만적인 유동성의 공동체를 꿈꿀 것이 아니라 현실적인 국가와 투쟁해야 하는 것이다.

흥미롭게도 가라타니 고진이 선택한 자료에서 정주 이후에 출현하는 유동민들이 전쟁기계의 모습으로 나타난다는 것이다. 가라타니 고진이 인용하는 야나기타 구니오에 의하면 본래 일본의 '무사'는 원래 바로 이러한 정주 이후의 유동민으로서 산지민이었다. "그가 생각하기에 일본의 무사는 본래 그와 같은 산지민 … 이었다."[223] 그런데 야나기타 구니오는 이 산지민 공동체에서 '사회주의'를 발견한다. 이러한 '사회주의'는 국가와 자본을 넘어서 있기에 실제로는 코뮤니즘을 의미한다고 보아야 할 것이다.

가라타니 고진은 산지민으로부터 '산인'의 흔적을 추출해 내어야 한다고 말하지만, 나는 '산지민'과 같은 이미 실재하는 코뮤니즘으로부터 그리고 국가와 상호작용을 하지만 국가의 포섭으로부터 자유로운 전쟁기계로부터 출발해야 한다고 생각한다.

가라타니 고진은 고대 왕조 국가가 이와 같은 '무사'로서의 전쟁기계를 제어할 수 없었다고 말한다. 우리는 이와 같은 유목적 전쟁기계의 제어 불가능한 역량에 주목해야 하고, 국가로부터 '도주'함으로써 이러한 국가의 통제를 넘어서 있는 전쟁기계를 구성해야 한다. 이를 위해서는 가라타니 고진을 넘어서야 한다.

---

223 가라타니 고진, 조영일 · 윤인로 옮김, 『세계사의 실험』, 광명: 비고, 2021, 157쪽

▌참고문헌 ▌

- 가라타니 고진, 김경원 옮김, 『마르크스 그 가능성의 중심』, 서울: 이산, 1999

- 가라타니 고진, 조영일 옮김, 『세계사의 구조』, 서울: 도서출판b, 2012

- 가라타니 고진, 조영일·윤인로 옮김, 『세계사의 실험』, 광명: 비고, 2021

- 가라타니 고진, 조영일 옮김, 『역사와 반복』, 서울: 도서출판 b, 2013

- 가라타니 고진, 송태욱 옮김, 『윤리 21』, 서울: 사회평론, 2001

- 가라타니 고진, 김재희 옮김, 『은유로서의 건축』, 서울: 한나래, 1998

- 가라타니 고진, 송태욱 옮김, 『탐구1』, 서울: 새물결, 1998

- 가라타니 고진, 권기돈 옮김, 『탐구2』, 서울: 새물결, 1998

- 질 들뢰즈, 펠릭스 가타리, 김재인 옮김, 『안티 오이디푸스』, 서울: 민음사, 2015

- 질 들뢰즈, 펠릭스 가타리, 김재인 옮김, 『천개의 고원』, 서울: 새물결 출판사, 2003

현대철학과 코뮤니즘

초판 1쇄 발행   2023. 5. 12.

지은이 김상범
펴낸이 김병호
펴낸곳 주식회사 바른북스

편집진행 김재영
디자인 최유리

등록 2019년 4월 3일 제2019-000040호
주소 서울시 성동구 연무장5길 9-16, 301호 (성수동2가, 블루스톤타워)
대표전화 070-7857-9719 | **경영지원** 02-3409-9719 | **팩스** 070-7610-9820

•바른북스는 여러분의 다양한 아이디어와 원고 투고를 설레는 마음으로 기다리고 있습니다.

이메일 barunbooks21@naver.com | **원고투고** barunbooks21@naver.com
홈페이지 www.barunbooks.com | **공식 블로그** blog.naver.com/barunbooks7
공식 포스트 post.naver.com/barunbooks7 | **페이스북** facebook.com/barunbooks7

ⓒ 김상범, 2023
ISBN 979-11-92942-75-9 93160